国家社科基金年度项目

"互联网知识付费业态下图书馆知识服务优化机制及对策研究"（项目编号：18BTQ032）阶段性成果。

价值共创视域下
科技型中小企业
知识服务研究

RESEARCH ON KNOWLEDGE SERVICE OF
TECHNOLOGY-BASED SMES FROM THE PERSPECTIVE OF
VALUE CO-CREATION

姚伟　孙斌　张翠娟 著

企业管理出版社
ENTERPRISE MANAGEMENT PUBLISHING HOUSE

内容提要

随着我国经济由高速增长阶段转向高质量发展阶段，科技型中小企业成为创新发展的重要主体和新的驱动引擎。科技型中小企业要实现知识服务价值，除了需要积累知识资本外，还需要与其客户通过互动参与达到价值共创。本书无论在研究主题、研究方法还是研究逻辑上都有值得借鉴与参考的价值。

本书利用 TSC 理论，以科技型中小企业案例为研究对象，借助 Tableau、Ucinet、Netdraw 和 Nvivo 等工具，构建了科技型中小企业价值共创过程核心范式模型。基于该过程模型，提炼出知识服务价值共创的三个阶段，最终构建价值共创下的科技型中小企业知识服务模型。

本书是作者多年教学、科研、企业咨询及实践经验的总结，既可以作为高校本科生、研究生的专业课程教材，也可以作为中小企业管理人员及技术人员进行知识服务的参考资料。

图书在版编目（CIP）数据

价值共创视域下科技型中小企业知识服务研究 / 姚伟，孙斌，张翠娟著 .

—北京：企业管理出版社，2021.5

ISBN 978-7-5164-2324-0

Ⅰ . ①价… Ⅱ . ①姚…②孙…③张… Ⅲ . ①中小企业—企业管理—知识管理—研究—中国 Ⅳ . ① F279.243

中国版本图书馆 CIP 数据核字（2021）第 013378 号

书　　名：价值共创视域下科技型中小企业知识服务研究

作　　者：姚　伟　孙　斌　张翠娟

责任编辑：杨慧芳　　侯春霞

书　　号：ISBN 978-7-5164-2324-0

出版发行：企业管理出版社

地　　址：北京市海淀区紫竹院南路 17 号　　邮编：100048

网　　址：http://www.emph.cn

电　　话：发行部（010）68701816　　编辑部（010）68420309

电子信箱：314819720@qq.com

印　　刷：北京虎彩文化传播有限公司

经　　销：新华书店

规　　格：710 毫米 × 1000 毫米　16 开本　13.5 印张　220 千字

版　　次：2021 年 5 月第 1 版　2021 年 5 月第 1 次印刷

定　　价：78.00 元

序 一

本书是我们团队出版的学术丛书的第四本，也是国家社科基金年度项目"互联网知识付费业态下图书馆知识服务优化机制及对策研究"（项目编号：18BTQ032）阶段性成果。

本书缘起于一场思想碰撞。当时正值 PPG（天津）智能科技有限公司李玉伦总经理在公司推行"知识管理体系"，笔者在与滨海新区中关村管委会相关负责人、李玉伦总经理和杨志磊律师交流后，萌生了写作的想法。通过沟通和交流，笔者深刻感受到，李玉伦总经理是一个富有思想和创新想法的企业管理者和知识管理实践者。我们达成共识，即科技型中小企业要以差异化的知识服务战略来实现高质量发展，提升企业的技术水平、品牌效应和市场竞争力。

为了实现建成社会主义现代化强国的伟大目标，实现中华民族伟大复兴的中国梦，我们必须具有强大的科技实力和创新能力。科技型中小企业具有中小企业和创新型企业的多元特征，在重要科技领域成为中坚力量的组成部分，在新兴前沿交叉领域成为开拓者之一，创造了很多竞争优势。科技型中小企业既是我国经济发展的重要组成部分，在增加就业机会、提高知识产权和技术含量、促进经济增长等方面具有不可替代的作用，又是大众创业、万众创新的重要组成部分，在推进科技创新、发展壮大新动能方面作用明显。

2020 年新冠肺炎疫情的突袭，不可避免地对我国经济发展造成冲击，一些传统行业受冲击较大。但智能制造、无人配送、在线消费、医疗健康等新兴产业则展现出强大的成长潜力，一些科技型中小企业更是逆势增长，展现出强大的韧性和抗压能力，为统筹推进疫情防控和经济社会发展提供了有力支撑。新冠肺炎疫情对产业发展既是挑战也是机遇。我们要善于从中捕捉和创造机遇，加快推动科技型中小企业知识服务高质量发展。

科技型中小企业要充分认识到创新是第一动力，提供高质量知识及科技，着力支撑现代化经济体系建设。我国要以提高发展质量和效益为中心，把握知识化、数字化、网络化、智能化融合发展的契机，以知识化、信息化、智能化为杠杆培育新动能，优先培育和大力发展一批战略性新兴产业集群，推进互联网、大数据、人工智能同实体经济深度融合，推动科技型中小企业知识服务模式和企业形态实现根本性转变，促进我国科技型中小企业迈向全球价值链中高端。

科技型中小企业要全面深化知识服务体制改革，提升创新体系效能，着力激发创新活力。知识服务领域是最需要不断改革的领域之一，知识服务体制改革要敢于啃硬骨头，敢于涉险滩、闯难关，破除一切制约知识创新的思想障碍和制度藩篱。科技型中小企业要坚持知识创新和制度创新"双轮驱动"，以问题为导向，以需求为牵引，在实践载体、制度安排、政策保障、环境营造上下功夫，在创新主体、创新基础、创新资源、创新环境等方面持续用力，强化科技型中小企业知识力量，提升科技型中小企业创新体系整体效能。

科技型中小企业要优化和强化知识服务体系顶层设计，明确企业、高校、科研院所等知识服务主体在知识服务链不同环节的功能定位，激发各类知识服务主体的创新激情和活力。要加快转变组织的知识服务职能，发挥好组织优势。

科技型中小企业要营造良好的知识服务生态环境，加快形成有利于知识服务人才成长的培养机制、有利于人尽其才的使用机制、有利于竞相成长及各展其能的激励机制、有利于各类知识服务人才脱颖而出的竞争机制，培植好知识服务人才成长的沃土，形成与时俱进、人才辈出的知识服务生态创新局面。

新时代科技型中小企业开展知识服务需要做好三个回应。首先是回应时代，应更加关注"本土化"的管理智慧：企业知识服务＋"本土化"管理智慧；其次是回应社会，关注"人"的因素，推动"人本主义"管理：企业知识服务＋"人本主义"管理；最后是回应企业，要做一个有内涵的企业家，创造有内涵的可持续发展的企业：企业知识服务 +"创造内涵"且可持续发展。

对于科技型中小企业知识服务的探究，我们会持续进行下去。我们也常常在想，是否有一种创造性的能量突然打开一扇窗，就像雨后的河中之水倒映着我们所看见的世界，提升科技型中小企业的创新精神，净化科技型中小企业的创新灵魂。科技型中小企业的知识服务智慧会一直随着知识服务的发展而超越自我，进入自由的境界，这是知识服务智慧存在的理由，这是不可阻挡的。

最后，感谢李玉伦总经理的全力支持，他为本书提供了丰富的资料，积极参与本书的撰写过程并贡献思想。感谢孙斌进行数据收集、分析和处理。感谢南开大学滨海学院李茂林老师在数据分析中做出的贡献。感谢张翠娟撰写了第 6 章。感谢刘舒雯、吴淑娴进行书稿校对和格式调整。鉴于作者水平有限，书中难免存在疏漏和不足之处，敬请广大读者批评指正。

书于应如室

2020 年 12 月 18 日

序 二

2017年研究生入学后，我跟随导师姚伟老师从天津奔赴广州中山大学，参加了管理学院筹办的"建构主义扎根理论工作坊"，这让初为研究生的我感受到了学术研究的魅力。导师常常告诉我："做本土管理研究，要打好理论基础，要认真学习有关研究方法的课程，还要学会如何去让研究落地。"

在研究生二年级时，我有幸参与到导师的国家社科项目中，接触到了知识管理、知识服务和知识动员等相关理论，并通过参与编写《知识管理》教材，更加深入地了解了知识管理的发展和应用。机缘巧合，我跟随导师参与了天津市滨海新区企业的知识管理合作项目，接触到了PPG（天津）智能科技有限公司这家科技型中小企业，并参与到了该公司的日常工作中。

在知识经济时代，科技型中小企业是培育发展新动能、推动高质量发展的重要力量，对支撑现代化经济体系建设具有重要的作用。在科技型中小企业由"产值增长"向"价值驱动"转型的过程中，知识服务发挥着重要作用，既可以增加知识创新能力，又可以对外输出异质性知识。

当前处于从"前知识服务时代"向"后知识服务时代"过渡的阶段，后知识服务时代从技术与人文的结合、多学科交叉、智慧化等方面促进知识服务的转型，知识服务的主体和客体也在发生着巨大的变化。我在PPG（天津）智能科技有限公司实践的过程中，通过梳理其业务模式、收集其业务数据以及日常交流，了解了不同职位员工的真实想法，发现了很多有趣且值得进一步研究的问题。我也第一次体会到了科研落地是一种什么样的体验，不断克服研究过程中的困难是一种什么样的经历。特别是在数据资料庞杂，不知采取什么样的方法才能得到一个完善的分析结果时，导师提出的 TSC 理论给了我巨大的帮助。该理论多角度、全方位地对研究对象进行探索，解决了我在研究过程中的很多问题，帮助我得到了许多有价值的分析结果。

希望读者朋友能在阅读本书的过程中，对 TSC 理论的研究框架有一个全面的认知。无论您是企业人员还是研究学者，我都希望您能通过书中对于科技型中小企业知识服务全过程的分析，掌握作者所分享的研究思维，给自己的工作或者生活带来些许启示。

孙斌

2020 年 6 月

前　言

党的十九大以来，我国经济由高速增长阶段转向高质量发展阶段，从"重视数量"转向"提升质量"，从"规模扩张"转向"结构升级"，从"要素驱动"转向"创新驱动"，科技型中小企业成为创新发展的重要主体和新的驱动引擎。同时知识经济带来大量的知识需求，在科技型中小企业由"产值增长"向"价值驱动"转型的过程中，知识服务发挥着重要作用，既可以增加知识创新能力，又可以对外输出异质性知识。但科技型中小企业建立知识服务模式、开展知识服务业务正处在初期探索阶段，存在诸多挑战。科技型中小企业知识服务是实现其企业绩效、提升其竞争力的重要手段。而实现其知识服务价值除了需要积累知识资本外，更需要科技型中小企业与其客户之间通过互动参与达到价值共创。虽然国内外关于知识服务的研究已经形成了较为完整的理论体系，但是基于价值共创视域，以科技型中小企业这一特殊群体作为研究对象探讨知识服务的研究却较为匮乏。

鉴于此，本研究利用 TSC 理论，以科技型中小企业案例为研究对象，借助 Ucinet、Netdraw 和 Nvivo 等工具，从多个维度对其知识服务的价值共创实现过程进行全面的分析：在时间维度，采用时间序列分析，探寻数据在时间上的规律；在空间维度，采用社会网络分析，对其客户和服务模式进行可视化展示；在内容维度，采用扎根理论编码分析，通过三级扎根理论编码，归纳出双向需求诊断、价值主张契合、组织整合资源、调整价值匹配、互动服务实现、价值共生共赢六个主范畴，构建了科技型中小企业价值共创过程核心范式模型。基于该过程模型，提炼出知识服务价值共创的三个阶段，最终构建价值共创视域下的科技型中小企业知识服务模型。

研究发现：①科技型中小企业存在五种知识服务模式，并存在"线上＋线下"的高效服务组合；②可以将客户分为被动型、主动型和忽视型三大类，作为精准服务和差异化服务的定位基础；③科技型中小企业知识服务价值共创的路径分为起始阶段、实施阶段、完成阶段；④科技型中小企业知识服务存在"双向识别""共同参与""价值共赢"的知识服务价值共创模型。本书最后根据研究过程中发现的问题，总结了科技型中小企业与知识服务客户价值共创的对策。

目　录

第 1 章 >>>>>>

绪论

1.1 研究背景

21 世纪以来，经济发展由要素驱动转向创新驱动，创新成为引领发展的第一动力和建设现代化经济体系的战略支撑，同时更加强调"尊重知识，尊重创新"，体现创新价值[①]。2018 年政府工作报告指出，在创新引领发展政策的带动下，企业加强技术创新体系建设，实现发明专利翻倍，促进科技领域取得了一批国际领先的重大成果，形成了多个创新高地。党的十九大提出要加快创新型国家建设，十九大报告全文中"创新"共计出现了 52 次。中国经济发展从"重视数量"转向"提升质量"，从"规模扩张"转向"结构升级"，是新时代中国发展的需要。

2020 年制定的"十四五"规划指出："激发人才创新活力。贯彻尊重劳动、尊重知识、尊重人才、尊重创造方针，深化人才发展体制机制改革……健全创新激励和保障机制，构建充分体现知识、技术等创新要素价值的收益分配机制……加强创新型、应用型、技能型人才培养，实施知识更新工程、技能提升行动……"这是从国家层面强调了创新和知识的价值和作用，这是中央对于激发创新活力和实施知识创新工程的宣言。

[①] 《中共中央 国务院关于深化体制机制改革加快实施创新驱动发展战略的若干意见》（中发〔2015〕8 号）。

为贯彻习近平总书记在民营企业座谈会上的重要讲话精神，切实落实中共中央办公厅、国务院办公厅发布的《关于促进中小企业健康发展的指导意见》，应加快推动各类中小企业走创新驱动发展道路，支持科技型中小企业创新发展。2019 年 8 月 20 日，科技部印发《关于新时期支持科技型中小企业加快创新发展的若干政策措施》，其中提出："科技型中小企业是培育发展新动能、推动高质量发展的重要力量……以培育壮大科技型中小企业主体规模、提升科技型中小企业创新能力为主要着力点，完善科技创新政策，加强创新服务供给，激发创新创业活力，引导科技型中小企业加大研发投入，完善技术创新体系，增强以科技创新为核心的企业竞争力，为推动高质量发展、支撑现代化经济体系建设发挥更加重要的作用。"通过上述国家相关部门发布的政策和措施可以看出，科技型中小企业对新时代中国的发展具有重大意义。

根据科技部科技型中小企业服务平台的数据，截至 2019 年 3 月，已有 166232 家科技型中小企业注册，137646 家科技型中小企业自评，130703 家科技型中小企业登记入库。具体如图 1.1 所示。

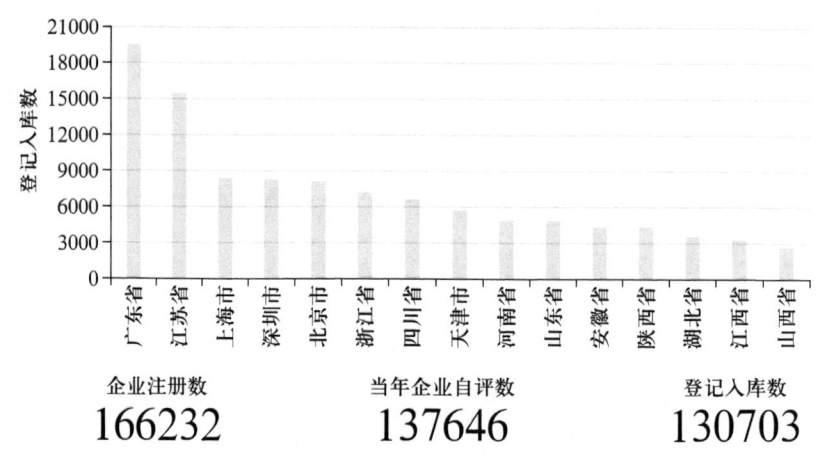

图 1.1　科技型中小企业登记入库情况

资料来源：科技部科技型中小企业服务平台。

在知识经济发展和社会转型的大背景下，作为知识密集型企业的科技型中小企业扮演了重要的角色，而知识服务在企业发展和创新驱动力提升中发挥着重要作用[①]。为了满足整个社会对知识创新以及共享服务的需求，越来越多的科技型中小企业开始探索知识服务模式。但它们不仅面临着快速变化的外部环境所带来的挑战，而且还要不断提高服务质量和客户满意度。如果企业开展的知识服务没有为客户带来积极的效果，企业本身也没有获得进步，那么极有可能导致企业在激烈的市场竞争中逐步被淘汰。从这个角度而言，应优化科技型中小企业提供知识服务的模式以及不同模式对客户的服务效果，有效地促进与客户的互动，使知识服务能更好地帮助客户提高绩效，实现价值共创，从而增加市场竞争力。

鉴于此，本书运用 TSC 研究方法对天津滨海新区中关村科技园 PPG（天津）智能科技有限公司的知识服务互动关系和服务效果进行识别和分析，探索价值共创视域下科技型中小企业的知识服务模式，为科技型中小企业的知识服务发展提出对策建议，以促进科技型中小企业知识服务的更好发展，进而对知识服务实践提供指导。

◁ 1.2　研究意义

1.2.1　理论意义

当前处于从"前知识服务时代"向"后知识服务时代"过渡的阶段[②]。后知识服务时代从技术与人文的结合、多学科交叉、智慧化等方面促进知识服务的转型，知识服务的主体和客体也在发生着巨大的变化。科技型中小企业是如何为其客户提供知识服务的？现有文献的研究多集中于知识服务机构或者各类图书馆为企业提供的知识服务，但对这一问题暂时缺乏深入的研究。本研究采用 TSC 理论研究框架，对收集的大量一手和二手数据进行了多维度分析，对大量访谈资料进行了扎根

---

① FRANCISCO M, WENSLEY A, ALBA M, et al. How much does KIBS contribute to the generation and diffusion of innovation? [J]. Service business, 2011, 5（3）: 195-212.

② 柯平. 后知识服务时代：理念、视域与转型 [J]. 图书情报工作, 2019, 63（1）: 36-40.

理论编码分析，发掘了由"双向需求诊断""价值主张契合""组织整合资源""调整价值匹配""互动服务实现""价值共生共赢"六个主范畴构成的"双向识别—共同参与—价值共赢"的知识服务模式。

从价值共创视域入手，把价值共创理论注重双向价值共创与科技型中小企业注重客户和公司共同成长嫁接起来，有利于充实现有对科技型中小企业知识服务的研究，促使学者们关注价值共创过程，为科技型中小企业的知识服务研究提供新的视角。因此，从价值共创视域出发，设计相应的知识服务模型，促进科技型中小企业的发展，不仅能够进一步丰富知识服务理论，而且可以扩展科技型中小企业知识服务理论在价值共创环境下的应用。

1.2.2　实践意义

尽管我国科技型中小企业在规模和数量上持续增加，一些企业依靠自身科技创新能力已经获得了巨大的成功，但仍有大量的科技型中小企业由于成立时间短、经验不足等原因，发展缓慢，无法适应激烈的市场竞争。特别是对于新兴的知识服务业务，企业仍处在探索阶段。为了获得客户认可，提高服务质量和效率，在市场竞争中获得核心优势，企业亟须对服务模式进行优化。因此，将价值共创思想纳入科技型中小企业知识服务中，研究企业知识服务中的价值共创过程，有助于科技型中小企业更加有效地调动客户的主观能动性。现如今的知识服务模式已不再局限于传统的信息服务功能，在价值共创视角下，企业可以通过拓展知识服务业务，在服务客户的同时，提高企业的知识储备和自身竞争力。

对于科技型中小企业知识服务的研究，有利于开展相应的知识服务设计，从而促进科技型中小企业的发展。本书针对研究过程中发现的科技型中小企业知识服务的问题，提出了对应的解决措施和建议，可以给其他企业一定的启示，对科技型中小企业今后知识服务创新转型和对客户知识服务需求的满足也具有重要的实践意义。

1.3　研究方法与技术路线

1.3.1　研究方法

（1）系统文献综述法。系统文献综述法是对与研究对象有关的文献进行全面的收集，通过全面的文献梳理，对已有研究成果进行阅读、整理及引用，了解前人研究的成果和进展，寻找相关领域的研究空白。该方法较传统的文献综述法更为科学。本书通过梳理国内外研究者在科技型中小企业、知识服务、价值共创等研究领域的研究脉络和研究进展，界定与本书研究相关的概念。本书运用 CiteSpace 文献共被引工具，对 1990—2019 年期间的科技型中小企业知识服务相关文献资料进行文献计量、梳理和分析总结，厘清相关概念，指出目前的研究进展。

（2）扎根理论。扎根理论是一种从原始经验资料中不断抽象概括并建立理论的方法。通过该方法，研究者可以从系统获得的数据中生成理论，无须通过预先设定的理论框架。扎根理论是一套完整的研究方法，涉及最初的数据收集和分析以及对潜在的社会行为模式进行综合的理论解释。扎根理论方法论能够建立实质理论和形式理论之间的桥梁，既强调生成实质理论，也强调超越经验层面，从实质理论上升到形式理论。从研究所追求的知识贡献而言，该理论力图超越数据走向理论抽象，生成的研究成果更具有抽象性、普遍性和推广性。

从 2018 年 1 月 3 日开始，笔者在 PPG（天津）智能科技有限公司开展了长达 10 个月的调研，深入企业具体工作并获取了丰富的数据，然后进行了大量的比较和编码，形成了有关知识服务的模式。本书将扎根理论方法作为 TSC 理论中内容层面的研究方法。

（3）社会网络分析法。社会网络分析（Social Network Analysis，SNA）是一种以图论为基础发展起来的分析方法，在信息管理学、社会学、组织行为学等领域得到了广泛的发展。最早的社会网络分析法是社会测量法，于 20 世纪 30 年代由美国的心理学家莫雷偌创立，而后发展出图论和矩阵等其他方法。

社会网络分析法通过分析研究对象的相关数据，建立其内部的关系网络结构，体现其个体结构特征、整体结构特征等，而且可以通过构造模型的方式，展现网络中各个节点的位置、亲密度、中间度等。社会网络分析根据研究对象模态的不同，一般采用三种网络类型：1- 模网络、2- 模网络和隶属网络。

（4）案例研究法。案例研究是一种实证研究方法，研究对象主要是当前正在发生的事情，但也可以是历史性回顾，研究问题的类型是"如何 / 怎么样"和"为什么"。案例研究需要在自然情境下对现象展开研究，研究者不对现象进行控制或仅进行极低程度的控制，通过多种来源收集数据，且主要为质性数据，但也可以包括定量数据[1]。

本研究通过筛选和对比，将 PPG（天津）智能科技有限公司作为研究对象，对其现阶段开展的知识服务进行研究分析，利用 TSC 理论，从多个维度识别其知识服务互动关系和服务效果，在总结该案例的知识服务特点的基础上提出建设性的意见，同时从价值共创视域对其服务模型进行完善，使本研究成果可以为类似的科技型中小企业知识服务提供借鉴和参考。

1.3.2　技术路线

本书是针对价值共创视域下科技型中小企业知识服务的发展模式而开展的研究，旨在通过 TSC 理论，从多个维度对选取的科技型中小企业的知识服务进行全面的研究，找出适合科技型中小企业知识服务发展的模式，从而促进科技型中小企业知识服务的可持续发展。本书主要包括以下内容。

第 1 章，绪论。本章论述了研究展开的背景并说明了研究的理论意义和实践意义。在此基础上，介绍了研究对象、技术路线与研究方法，阐述了研究的创新点，从总体上厘清了本书写作的出发点与研究

---

[1] 李亮，刘洋，冯永春. 管理案例研究：方法与应用［M］. 北京：北京大学出版社，2020：10-16.

的基本思路。

第 2 章，国内外文献综述及理论基础。本章在整理国内外相关文献的基础上，对价值共创、知识服务、科技型中小企业等概念进行梳理，分析和总结了目前学界的研究进展，并借助 CiteSpace 软件进行相关文献的可视化分析，以知识图谱的形式展示研究的热点和领域，为下文做铺垫。

第 3 章，案例设计及数据收集。本章从研究方法的确立、样本的选择、数据的收集和整理三个方面对本书的研究设计进行阐述。在介绍本书利用的 TSC 理论时，对在"时间维度""空间维度""内容维度"分别使用了哪些研究方法和研究设计进行了阐释。

第 4 章，TSC（时间－空间－内容）理论分析及发现。本章对收集和整理的数据进行具体分析：在时间维度，进行时间序列分析；在内容维度，对收集的资料进行扎根理论编码分析；在空间维度，对该公司和客户的服务数据进行社会网络分析。

第 5 章，价值共创视域下知识服务模型构建。本章分析价值共创的过程，在整合第 4 章的分析结果后，首先建立了两种关系聚类模型，然后在此基础上构建价值共创视域下科技型中小企业的知识服务模型，并对模型中的关系聚类模型和"双向识别—共同参与—价值共赢"模式进行说明。

第 6 章，科技型中小企业知识服务实证研究。通过开发知识服务测量量表，进行定量数据收集，分析科技型中小企业知识服务现状，对科技型中小企业知识服务进行假设验证，并通过模型比较，形成理论模型。

第 7 章，科技型中小企业知识服务政策分析。收集国家、地区和行业关于科技型中小企业知识服务的政策，将其作为数据源，通过文本挖掘、词频分析和内容分析等，探究科技型中小企业知识服务政策的侧重点和完善点。

第 8 章，科技型中小企业知识服务激励机制。本章构建了知识服务激励机制，探究了知识服务激励政策与措施的重点，探讨了知识服务激励的方式，并且提出了知识服务激励政策的调整措施。

第9章，科技型中小企业知识服务竞争力。为了提高科技型中小企业的知识服务竞争力，本章探究了科技型中小企业如何能够更快、更好地整合内外各种资源以形成企业竞争的强大合力。

第10章，科技型中小企业隐性知识服务。本章通过分析隐性知识交流的研究现状及隐性知识交流过程中存在的障碍和不足，阐述社会化推荐的服务原理，使社会化推荐能够合理地处理企业隐性知识交流中存在的障碍和问题。

第11章，科技型中小企业全价值链知识服务。本章基于精益思想，采用文献分析方法，对全价值链成员知识服务研究现状进行梳理，对成员知识服务存在的问题进行剖析。针对相应的问题，将知识服务流程归纳为需求表征、知识集成、知识融合及显性化、知识服务反馈四个环节，并将精益思想融入科技型中小企业全价值链知识服务中，构建了科技型中小企业全价值链知识服务的精益模型，设计了"宏观链－微观环"的组合方式，并提出了实施策略，即知识需求确定、知识流分析、知识产品价值拉动和服务过程优化。

第12章，科技型中小企业知识服务生态与运行机理。本章从社会网络、区域经济、协同效益及知识管理视角出发，分析了三螺旋理论对于知识服务创新型生态的价值。然后从三螺旋理论视角对知识服务创新型生态的实践状况进行研究，探析了创新型生态的知识空间、协同空间和创新空间的内容及其维度。在剖析知识服务创新型生态要素的基础上构建了知识服务创新型生态模型，并分析了模型的运行机理。

第13章，价值共创视域下科技型中小企业知识服务问题与对策。根据知识服务模型分析得出的研究结果，提出科技型中小企业知识服务存在的问题，并根据研究成果对科技型中小企业的知识服务发展进行阐释，提出有针对性的建议。

第14章，价值共创视域下科技型中小企业知识服务研究结论与展望。本章对前文分析得到的知识服务模型和提出的对策进行总结，并针对本书研究存在的不足，提出对后续研究的展望。

本书研究的技术路线如图1.2所示。

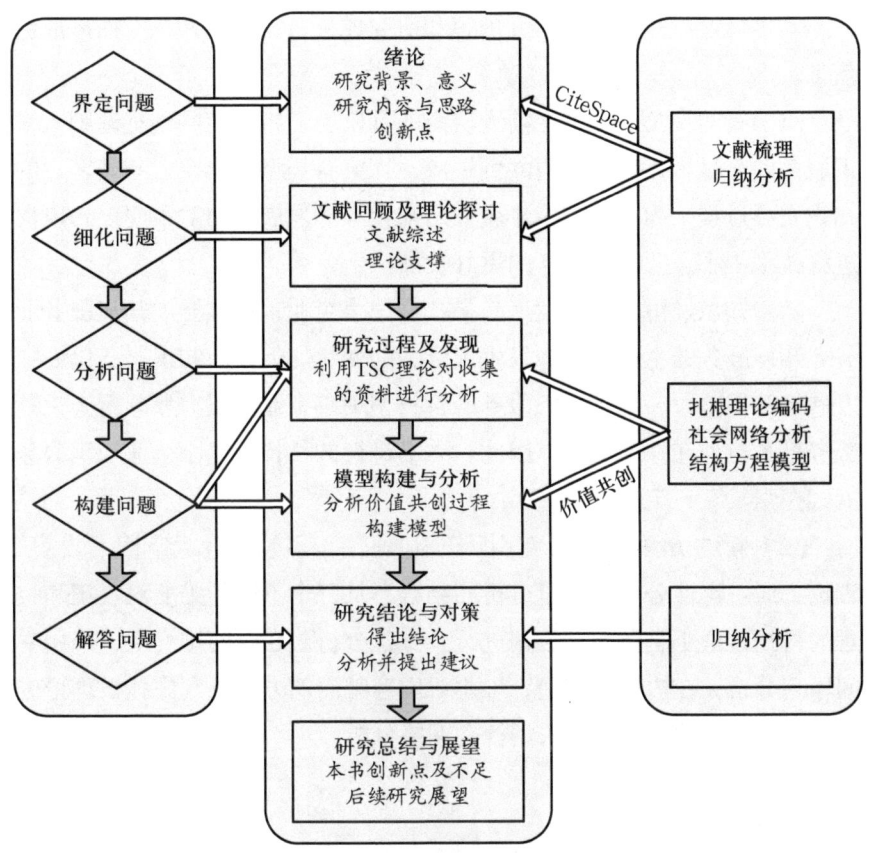

图 1.2　研究技术路线图

1.4　研究创新点

目前有关知识服务的研究集中在知识服务的概念、相关概念的差别、图书情报领域知识服务的运营模式、管理机制等方面，且主要针对图书馆机构，而对于科技型中小企业的研究较少，多集中在融资、企业管理等领域，即便研究科技型中小企业的知识服务，也是将目标企业作为知识服务的客体。由此可知，过去的知识服务研究主要集中在相关专业领域的理论和实践上，而较少研究科技型中小企业所从事的知识服务业务。

本书借鉴以往学者的研究内容和研究成果，在以下两个方面形成创新点。

（1）新的视角。本书在前人研究的基础上，将价值共创理论纳入知识服务的全过程，基于价值共创视域，探究科技型中小企业与其客户的知识服务过程，为科技型中小企业的知识服务发展提出对策建议，以促进科技型中小企业知识服务的更好发展。

随着知识经济的不断发展，科技型中小企业正逐步开展知识服务业务，知识服务的主体和客体发生了巨大的变化。但目前知识服务仍处在发展的初期阶段，提供知识服务的科技型中小企业的实力参差不齐，其服务模式也处在探索阶段。因此，本书进行的科技型中小企业知识服务模式探索具有一定的价值。

（2）新的方法。本研究引入 TSC 理论，即"时间 – 空间 – 内容"理论，通过定性分析与定量分析相结合，从三个不同的维度对收集和整理的科技型中小企业相关数据进行全方位分析。在时间维度上，采用时间序列分析；在内容维度上，采用对内容编码的方式，利用扎根理论进行分析；在空间维度上，采用社会网络分析。

第 2 章 >>>>>>

国内外文献综述及理论基础

〈 2.1 〉 知识服务相关研究

2.1.1 知识服务研究综述

知识服务也称作知识密集型服务，是在知识经济和网络信息发展的影响下，满足知识共享和知识创新的产物（Miles，2005）。伴随着知识经济的发展，传统的生产要素如自然资源、劳动力等，逐渐被知识取代，个人和组织应用知识的效率成为关键因素（Dahlman 等，2001）。

20 世纪 90 年代初，一部分发达国家开始重视知识服务产业，同时越来越多的学者针对知识服务展开了一系列相关的研究，知识服务的概念便产生于此时。Miles 等（1998）对知识服务的定义得到了学界广大学者的支持和认可，即知识密集型服务业指向社会和用户提供显著依赖于专门领域的专业性知识，以及以知识为基础的中间产品或服务的公司和组织。这明确了知识的价值和知识作为中间产品或服务的显性化形式。

在国外的早期研究中，最早提及"知识服务"一词的是欧洲委员会，其在 1995 年的《知识密集型业务服务：创新的用户、载体和源泉》（*Knowledge-Intensive Business Service：User，Carriers and Sources of Innovation*）中将知识服务定义为利用专业化的知识服务于其他组织和机构的商业过程。知识服务的相关研究是以"知识密集型服务"（Knowledge Intensive Services）和"知识密集型服务业"（Knowledge Intensive

Business Services）的形式出现的，研究者们多关注的是在知识管理层面的知识服务业务。这为知识服务应用于企业提供了理论和实践支持。

Hipp（1999）等通过实证分析发现，知识密集型服务业务能够为客户提供以知识为基础的中间产品和服务，提高客户的绩效和生产力。Doloreux（2009）从文献综述入手，对 Miles 等的知识服务定义进行了扩充，认为知识密集型服务是为外界组织提供高智力和高附加值服务。这为知识服务在企业推广提供了解决方案，进一步推动了知识服务在企业的价值化和实践化。

同时也有部分学者对知识服务活动进行了研究。Marklund（1998）分析了在创新中对客户公司发挥重要作用的知识服务业务，认为知识密集型服务业既是创新的推动者和载体，又是创新的源泉。Hipp（1999）通过实证分析发现，知识密集型服务作为中介条件，能够使现有的知识对客户产生积极作用，提高客户的绩效和生产力，并有助于技术和结构的创新变化。Muller 等（2001）认为知识服务起到了知识的生产和传播作用，提高了制造业的创新能力。这为知识服务在企业创新中发挥价值以及知识服务的客户关系管理奠定了基础、指明了方向。

Martinez-fernandez（2004）通过对澳大利亚一家软件公司进行案例研究，发现知识服务内容既可以来源于内部，也可以来源于外部。Wang 等（2007）研究了中国台湾的研究机构——工业技术研究院（ITRI）的知识服务活动，分析了其使用的 KM 系统对知识服务的成功起到的关键作用。Kawtrakul（2012）基于专门设计的面向实际服务场景的本体，聚合来自互联网、数字档案、专家等的知识，构建了一站式的知识服务平台。这为企业知识服务的协同和平台化发展提供了基础。

国内文献中最早出现知识服务的是医学领域的期刊，如戴光强（1994）将知识服务作为一种服务模式，应用到医学领域。此后的几年内极少有学者涉足知识服务的相关研究，直到 1999 年，任俊为（1990）将知识服务的概念引入图书情报领域，自此开打了国内研究知识服务的大门。张晓林（2000）曾发出"走向知识服务"和"迎接知识服务在新的时代带给我们的机遇和挑战"的呼吁。党跃武（2006）从思路、技术应用和服务设计等不同层面提出了发展知识服务的措施。王曰芬等

（2010）提出了知识服务的资源、层次和生命周期三维架构，丰富了知识服务的内涵。这为国内企业开展知识服务活动提供了参考和借鉴。

周文辉（2015）认为知识服务是创新的驱动力，并基于扎根理论分析了图书情报机构与多家企业互动的案例。周文辉等（2016）利用扎根理论研究了中小型制造企业与知识服务企业的创新瓶颈突破过程，提出知识服务需要实现从"授人以鱼"到"授人以渔"的转变。宋雪雁等（2018）分别从用户满意度、用户感知和服务接触三个角度，建立了电子政务的知识服务能力评价体系。杨家鑫等（2019）基于中国高校智库知识服务需求的分析框架和问卷调查分析结果，从客户需求视角提出中国高校智库知识服务发展的路径。柯平（2019）认为当前已经进入了后知识服务时代，不同于前知识服务时代技术化、信息化、数字化的特点，后知识服务时代从技术与人文的结合、多学科交叉、智慧化等方面促进知识服务的转型。这为国内企业开展知识服务和推广知识服务提供了强有力的支持。

2.1.2　文献统计可视化分析

本研究以中国知网上的核心期刊作为中文文献的检索来源，以 Web of Science 核心合集数据库作为外文文献检索的来源，以"知识服务"作为关键词，对 1999—2018 年期间的国内外文献进行检索，得到国内文献 1195 篇，国外文献 869 篇。

根据图 2.1 可知，1999—2018 年间国内外有关知识服务的研究文献数量整体呈现上升趋势。其中，国外发文量于 2015 年达到最高，但随后逐年降低；国内 2013 年的发文量最高，随后逐年下降，但从 2016 年开始再次呈现快速增长状态。从发文数量变化的整体趋势来看，知识服务仍是国内外研究的热点。

本研究利用 CiteSpace 文献共被引工具，分别制作国内和国外知识服务研究关键词共现图谱（见图 2.2 和图 2.3）。由图可知，国内对知识服务的研究主要集中在创新、高校图书馆、大数据和知识服务能力等方面，图书馆和高校图书馆为主要的研究对象；国外对知识服务的研究主要集中在知识管理、网络服务、食品安全、知识转移、本体等方面，关键词之间的联系密切。

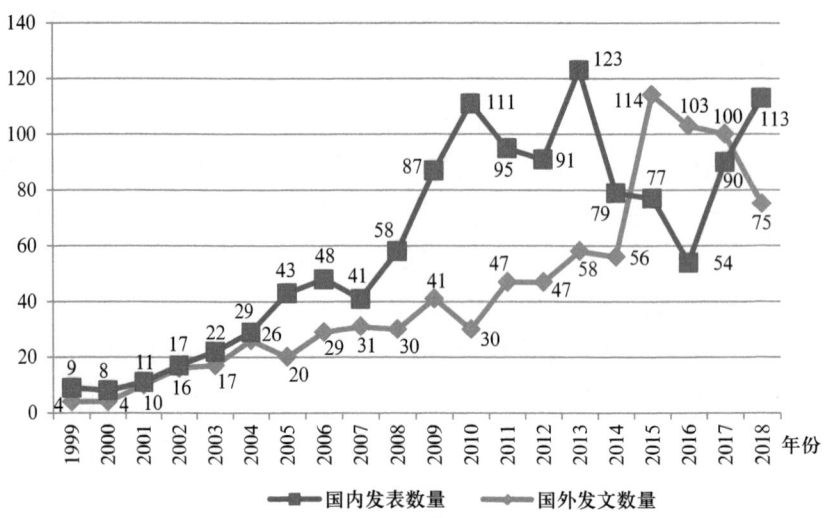

图 2.1　国内外历年知识服务文献数量分布

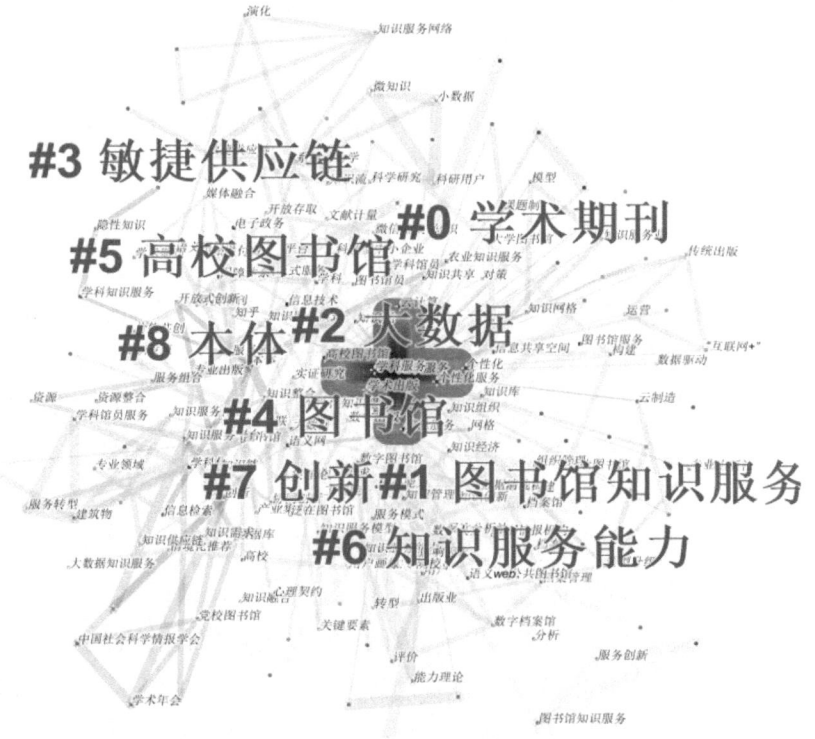

图 2.2　国内知识服务研究关键词共现图谱

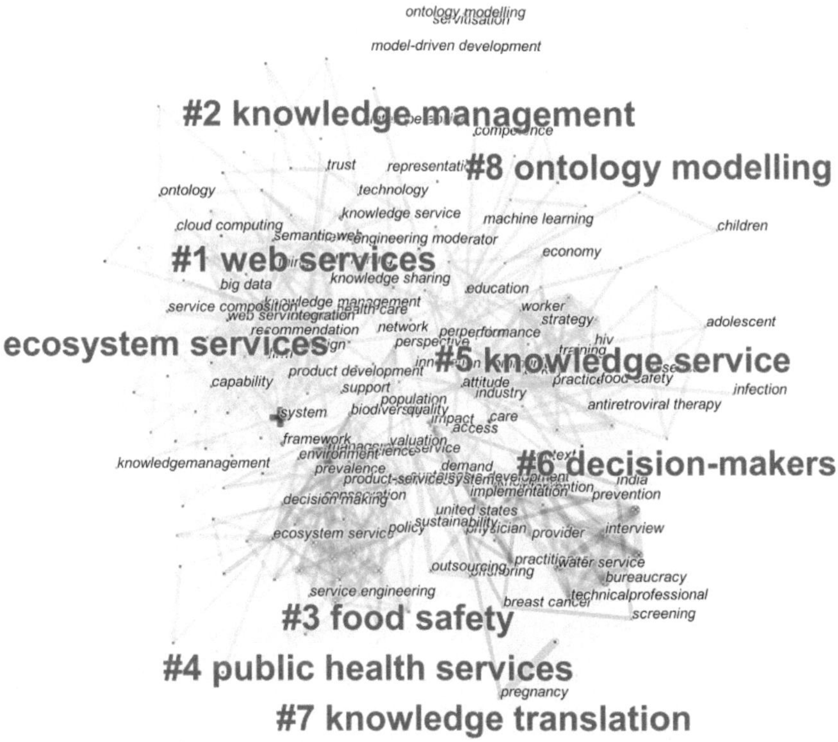

图 2.3　国外知识服务研究关键词共现图谱

综上可知，国内学者对知识服务的研究多侧重于图书馆和高校，很少涉及知识密集型企业。企业常作为被服务方出现在研究中，被动接受知识服务机构以及科研机构、图书馆所提供的知识服务。

2.1.3　企业知识服务研究综述

（1）企业知识服务。在知识经济发展的背景下，知识服务在企业创新和发展中的作用越来越重要，知识服务的需求和供给也在快速攀升，知识密集型服务业（KIBS）的发展较为迅速。魏江等（2005）对中国和欧盟国家的知识服务业务进行了比较，分析了我国在知识服务业务发展上存在的问题。Howells（2006）认为知识服务是创新过程中的"知识源"和"存储器"，不仅可以生产出创新知识，而且还能将异质性知识转移给制造企业。Amara（2009）定义了企业知识密集型服务的六种创新形式，即产品、流程、交付、战略、管理和营销创新，并在此基础上研究了企业知识服务对创新性的影响。

在有关企业知识服务的研究文献中，大部分学者将企业作为知识服务的对象，也就是知识服务的客体来研究，探索如何才能满足企业日渐增大的知识服务需求，更好地促进企业创新和发展。例如，Rajala 等（2008）对软件行业中小企业使用的知识密集型服务进行了跟踪研究，探讨了软件行业中不同类型的知识密集型服务的来源、使用和重要性。Dong 等（2010）认为企业当前需要大量的知识储备，而知识储备的获取来源是知识转移。在知识转移框架中，企业作为被服务对象，由知识提供方完成知识转移，对其提供知识服务，增加企业知识储备。张庆华等（2014）提出了一种开放式创新环境下的企业知识服务体系，从提供知识服务的视角进行研究，为企业创新提供了新的思路。程刚等（2018）认为，企业知识服务是指根据企业知识创新的知识需求，借助各种信息技术，收集和整理各种知识资源，为服务对象提供经知识信息的析取、组织、分析、重组、集成等形成的知识产品的服务过程。

只有少部分研究者将企业作为知识服务的主体，认为企业知识服务是知识服务方为其客户提供高知识附加值服务。刘华林等（2007）认为我国目前开始发展的是以企业为主体的知识密集型服务业，政府公共部门是知识服务业发展的基础。王萍等（2010）从知识服务的企业和合作者之间的互动入手，探讨了互动作用与影响因素，为创新效率提升提供了依据。

Lin 等（2013）认为企业在知识服务中大多数都有一个共同的缺点，即它们不能提供与知识需求者的需求相对应的专家列表。该研究还对维基网的知识服务模式进行了优化。王炎等（2015）以企业面向个人提供知识服务为立足点，认为科技型知识服务企业就是以科技创新、提供专业化服务为基础，按照客户需要提供这种知识服务的企业。本研究同样将企业作为知识服务的主体开展相关研究。

（2）企业知识服务模式。知识服务模式是对知识服务活动的结构和构成元素之间的关联及其实现形式的描述，包括技术实现、技术创新和运营管理等，并能作为指导知识服务实践的标准形式（张璐等，2018）。

通过查找和阅读 1990 年以来关于知识服务模式的研究成果，发现学界相关研究主要针对图书情报档案领域，其中对于图书馆、高校和科研机构的知识服务模式的研究最为广泛（覃凤兰，2007；冉小波，2009；张海涛等，2014；闫闵，2018）。

目前，关于企业知识服务模式的相关文献较少，学者们的观点主要归纳为以下几个方面。

第一，企业知识服务从分散走向集成，需要结合知识服务的需求特征，构建企业知识服务全价值链模式（胡伟等，2013），并通过分析知识服务全价值链与产业集群价值链的作用机制，建立以企业为主导，以制造、销售、研发等产业为核心的知识服务模式（刘宇等，2013）。

第二，古志文等（2014）基于知识管理理论中的 SECI 模型，构建了企业知识服务模式的三维模型。Asikainen（2015）提出了服务创新的四维模型，指出在创新中新服务理念、客户界面和服务提供系统等非技术因素至关重要，认为知识服务业是创新的共同生产者。

第三，在"互联网 +"的时代背景下，企业知识服务具有重要意义，企业知识服务的内容也在不断变化，但目标都是服务用户，因而需要不断加强企业知识服务的"用户中心"意识（王炎等，2015）。同时企业开发了大数据知识服务模式。Qin（2013）介绍了典型的大数据知识服务的特征，并根据数据管理和处理的需要，结合大数据知识服务模式，提出数据知识服务模型的概念。

2.2　科技型中小企业相关研究

本研究在中国知网上收集了 1990 年以来主题为"科技型中小企业"的文献，为了保证论文质量，将搜索的期刊条件限定为核心期刊，搜索结果如图 2.4 所示。通过分析发现，有关科技型中小企业的研究文献不断增加，特别是 2014 年以后呈现急速增长，到 2018 年达到最高的 122

篇。但是 2019 年第一季度的相关发文量仅 11 篇，呈现明显减小态势。这说明科技型中小企业的研究热度下降，关注度降低。

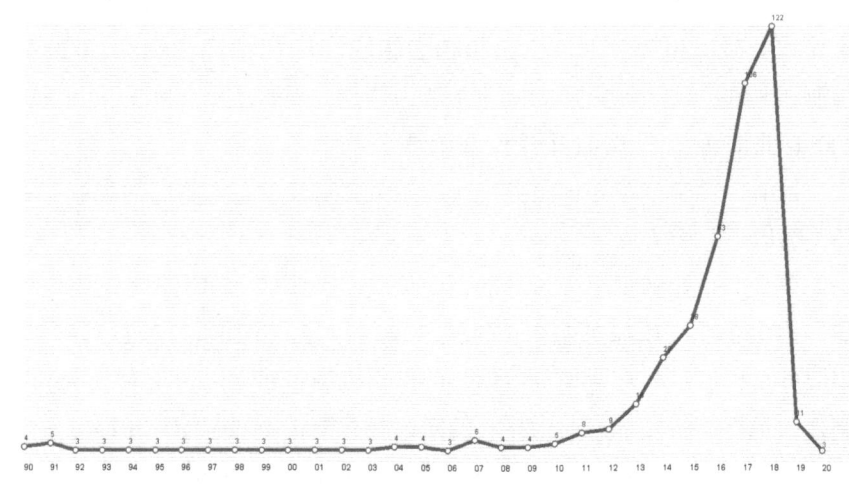

图 2.4 科技型中小企业研究文献发布数量（年度）

本研究运用 CiteSpace 5.0 对 1419 篇文献进行关键词共现分析，将软件选项中的 Node Type 设置为 Keyword，阈值大小设置为 T50，时间切片长度设定为 1 年，视图显示类型设置为 Time-zone，其余设置选择默认。

得到的关键词共现时间切片知识图谱如图 2.5 所示，从中可以看出近几年国内对于科技型中小企业的研究集中在科技金融、融资等领域（宋华等，2019；郑烨等，2017；朱福林等，2014），对其知识服务、知识服务模式的研究较少。

另外，在科技型中小企业风险识别领域，林海（2019）分析了影响科技型中小企业创新的因素和风险，构建了基于模糊 C 均值聚类的风险评估模型，并通过实证研究，验证了模型的可行性；刘澄等（2018）依据卡尔曼滤波理论，建立了科技型中小企业的风险动态预警模型；韩景旺等（2017）认为通过设立风险补偿基金，在区域内进行识别和分享，可以有效保障科技型中小企业的发展。

在科技型中小企业创新绩效领域，宋华等（2019）以创新生态系统为视角，对国内 249 家科技型中小企业进行实证研究，发现外部协同网

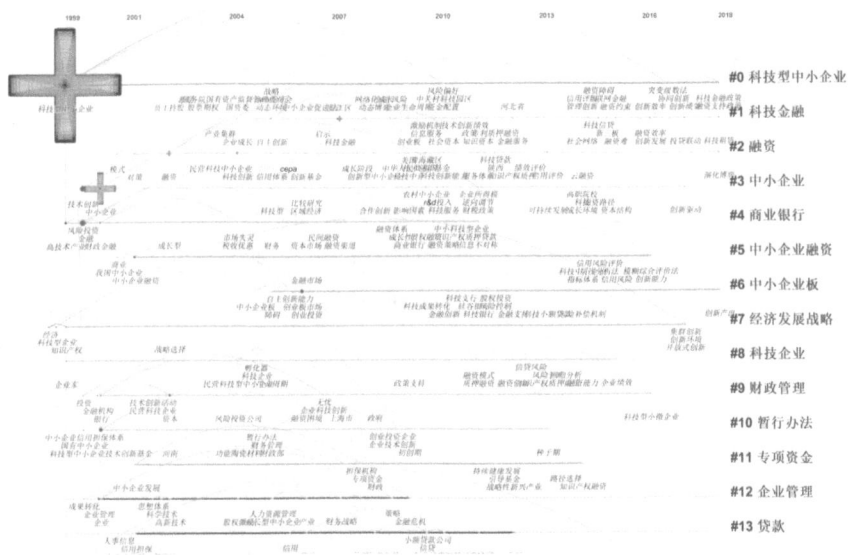

图 2.5　关键词共现时间切片知识图谱

络对于中小企业的创新绩效和企业竞争力提升有重要的作用；余谦等
（2018）通过划分企业生命周期，利用中小板上市企业的面板数据研究
了不同时期科技型中小企业的研发投入与创新产出的关系，认为研发投
入对企业全生命周期的创新成果产出具有正向影响；郑烨等（2017）通
过对几百家科技型中小企业的深入研究，验证了简政放权政策对企业创
新绩效的影响。

2.3　价值共创相关研究

　　"价值究竟是由谁创造的？"一直以来都是经济学界和管理学界讨
论的热门话题。传统价值创造理论认为企业是唯一的价值创造者，而客
户只消费价值，描绘了一个完全被动的市场。然而，随着对价值创造本
质的认识不断变化，研究者们开始重视顾客的角色，顾客在价值共创中
的地位开始凸显出来。Normann 等（1993）提出，价值共同创造是企业
服务提供者与其客户共同创造价值的协作过程。随着市场环境的变化，

客户能够快速获取综合信息，而不是被动地响应市场，从而打破传统，重构价值链，打造新型的伙伴关系。

对于价值共创，学界主要有两种观点。

第一种观点基于"顾客体验逻辑"，由 Prahalad 和 Ramaswamy 在 2004 年提出。基于 Wikström（1996）和 Lengnick-Hall（1996）的研究，他们认为个性化的服务体验是价值共同创造理论的核心，并构建了价值共创的要素模型：对话（D）、获取（A）、风险评估（R）、透明性（T）。企业和客户同为价值创造的主体，通过 DART 模型中的四个互动活动，产生个性化的服务体验（Prahalad 等，2004）。

第二种观点基于"服务主导逻辑"，由 Vargo 和 Lusch 在 2004 年提出。他们改变了商品主导逻辑的理念，提出了服务主导逻辑的八个命题，并在 2006 年、2008 年和 2016 年进行了不断的修改和完善，最终丰富成十一个命题，如经典的"一切经济都是服务经济"等。这些命题首次提出后，便引发了学界的大量研究和讨论。在服务主导逻辑命题的基础上，学界对该逻辑进行了更加细致的研究，并对原有的服务主导逻辑进行了发展和演变，提出了以"服务逻辑""服务科学"和"服务生态"为基础的价值共创理论（Grönroos，2008；Spohrer，2008；Vargo 等，2016）。

价值首先存在于服务系统中，价值在商品的交换过程中被创造，核心就是知识的传递（Vargo 等，2008）。Payne 等（2008）将客户视为价值的共同创造者，并明确地将客户置于与公司同等重要的位置。Tseng 等（2016）认为客户和公司都可以从新产品的开发、设计和推广中获益。

周文辉等（2016）在价值共创双元视角下，采用案例研究法，归纳了制造型中小企业突破创新瓶颈的三个阶段：创新瓶颈识别、创新方案设计和创新瓶颈突破。张燚等（2017）采用扎根理论的方法，以小米公司作为原始资料收集对象，进行了探索性分析，提出了客户参与品牌价值创造的模式以及文化、产品、互动、参与和传播五种机制。Barbu（2019）研究发现 IT 能力在一定程度上起到了中介作用，是企业与客户共同创造价值的重要中介变量。主流的价值共创的研究大多是对于企业和消费者个体层面的理论研究，较少有学者针对知识密集型的科技企业和组织客户之间的价值共创过程，以及价值共创视域下的知识服务模式这一主题进行研究。

　　根据上述观点，本书认为价值共创理论的核心是以客户为中心，从企业单向的知识、资源传递转变为企业与客户双向的价值互动，共同创造价值，并重视服务过程中的客户体验和客户满意度。

2.4　相关理论和概念界定

2.4.1　科技型中小企业

　　（1）中小企业。据统计，全球中小企业的数量占企业总数的 90%，而且创造的就业人数占所有企业的 50% 以上，是重要的经济支撑和社会发展的保障（Llave，2017）。由于各国经济结构和政策的不同，对于中小企业的界定也存在较大差异。但各国对中小企业基本都是从经营管理形式（经营方式、组织形式等）和定量指标（从业人数、资产总额、年销售额等）两方面进行界定的。本研究收集了日本、欧盟和美国的中小企业相关制度规定，整理了这三个地区的界定标准，如表 2.1 所示。

表 2.1　日本、欧盟和美国中小企业界定标准

国家 / 地区	行业种类 / 规模	界定标准
日本	装备制造业	资产：约合不超过 1973.8 万元人民币 从业人数：不超过 300 人
	批发业	资产：约合不超过 657.9 万元人民币 从业人数：不超过 100 人
	零售业	资产：约合不超过 328.9 万元人民币 从业人数：不超过 50 人
	服务业	资产：约合不超过 328.9 万元人民币 从业人数：不超过 100 人
欧盟	小型企业	资产：约合小于 7804.6 万元人民币 从业人数：不超过 50 人
	小微企业	资产：约合小于 1560.9 万元人民币 从业人数：不超过 10 人

续表

国家 / 地区	行业种类 / 规模	界定标准
美国	未区分	①产品主要在当地进行销售；②企业资产归少数人所有；③企业独立经营；④企业规模相对较小。满足上述任意两项即可

资料来源：日本《新中小企业基本法》（1999年版）；欧盟委员会第 C（2003）1442 号建议；《美国小企业法》（2016 年版）。

我国早在 2002 年就在颁布的《中华人民共和国中小企业促进法》中，对中小企业进行了明确界定："本法所称中小企业，是指在中华人民共和国境内依法设立的有利于满足社会需要，增加就业，符合国家产业政策，生产经营规模属于中小型的各种所有制和各种形式的企业。"而企业规模的具体划分标准一直在不断变化，行业划分也在不断细化。为了贯彻落实《国务院关于进一步促进中小企业发展的若干意见》，2011 年 6 月工信部、发展改革委等多部门共同研究制定了《中小企业划型标准规定》。在该规定中，将中小企业划分为中型企业、小型企业和微型企业三种类型，具体划分标准如表 2.2 所示。

表 2.2　我国中小企业划型标准

行业	指标	中型	小型	微型
农、林、牧、渔业	从业人数（个）			
	销售额（万元）	500~<20000	50~<500	<50
	资产总额（万元）			
工业	从业人数（个）	300~<1000	20~<300	<20
	销售额（万元）	2000~<40000	300~<2000	<300
	资产总额（万元）			
建筑业	从业人数（个）			
	销售额（万元）	6000~<80000	300~<6000	<300
	资产总额（万元）	5000~<80000	300~<5000	<300
批发业	从业人数（个）	20~<200	5~<20	<5
	销售额（万元）	5000~<40000	1000~<5000	<1000
	资产总额（万元）			
零售业	从业人数（个）	50~<300	10~<50	<10
	销售额（万元）	500~<20000	100~<500	<100
	资产总额（万元）			

续表

行业	指标	中型	小型	微型
交通运输业	从业人数（个）	300~<1000	20~<300	<20
	销售额（万元）	3000~<30000	200~<3000	<200
	资产总额（万元）			
仓储业	从业人数（个）	100~<200	20~<100	<20
	销售额（万元）	1000~<30000	100~<1000	<100
	资产总额（万元）			
邮政业	从业人数（个）	300~<1000	20~<300	<20
	销售额（万元）	2000~<30000	100~<2000	<100
	资产总额（万元）			
住宿业、餐饮业	从业人数（个）	100~<300	10~<100	<10
	销售额（万元）	2000~<10000	100~<2000	<100
	资产总额（万元）			
信息传输业	从业人数（个）	100~<2000	10~<100	<10
	销售额（万元）	1000~<100000	100~<1000	<100
	资产总额（万元）			
软件和信息技术服务业	从业人数（个）	100~<300	10~<100	<10
	销售额（万元）	1000~<10000	50~<1000	<50
	资产总额（万元）			
房地产开发经营	从业人数（个）			
	销售额（万元）	1000~<200000	100~<1000	<100
	资产总额（万元）	5000~<10000	2000~<5000	<2000
物业管理	从业人数（个）	300~<1000	100~<300	<100
	销售额（万元）	1000~<5000	500~<1000	<500
	资产总额（万元）			
租赁和商务服务业	从业人数（个）	100~<300	10~<100	<10
	销售额（万元）			
	资产总额（万元）	8000~<120000	100~<8000	<100
其他未列明行业	从业人数（个）	100~<300	10~<100	<10
	销售额（万元）			
	资产总额（万元）			

资料来源：笔者依据《中小企业划型标准规定》制作。

（2）科技型中小企业。党中央贯彻落实《国家创新驱动发展战略纲要》，推动大众创业、万众创新；2015 年 1 月 10 日，科技部发布《关于进一步推动科技型中小企业创新发展的若干意见》；2019 年 4 月，中共中央办公厅、国务院办公厅制定《关于促进中小企业健康发展的指导意见》；2019 年 8 月 20 日，科技部制定《关于新时期支持科技型中小企业加快创新发展的若干政策措施》，引导科技型中小企业加大研发投入，完善技术创新体系，增强以科技创新为核心的企业竞争力。以上重要文件的制定和发布，都说明科技型中小企业是现阶段我国技术创新和经济增长方式转型的重要推动力量。

科技型中小企业在我国一般是指通过依托一定数量的科技人员从事科学技术研究开发活动，取得自主知识产权并将其转化为高新技术产品或服务，从而实现可持续发展的中小型企业[①]。周国林等（2018）结合国外发展经验和多个国家级高新区的发展实际，认为科技型中小企业的发展是国家创新发展的重要标志，并提出了促进成长的发展理念和发展路线图。

中共中央办公厅、国务院办公厅 2015 年印发的《深化科技体制改革实施方案》中提出，要"制定科技型中小企业的条件和标准，为落实扶持中小企业创新政策开辟便捷通道"。科技型中小企业在国家战略部署的推动下迅速发展的同时，研发投入也不断增大。2017 年政府工作报告指出，对于科技型中小企业研发费用加计扣除比例，由之前的 50% 提高到 75%。在一系列优惠政策的刺激下，科技型中小企业数量持续增加。为了规范各地对于科技型中小企业的界定，保证相关政策可以准确地为符合标准的企业提供便利和支持，科技部、财政部、国家税务总局三个部门联合出台了《科技型中小企业评价办法》，统一了全国科技型中小企业认定标准，建立了科技型中小企业库，要求所有申报科技型中小企业的公司在满足标准条件的同时，进行登记入库。在评价办法中，科技型中小企业需要满足以下标准，如表 2.3 所示。

---

① 资料来源：科技部科技型中小企业技术创新基金管理中心。

表 2.3　科技型中小企业认定标准

	企业登记注册地	企业人数（个）	年收入（元）	总资产（元）	产品和服务	其他
标准要求	中国境内	≤ 500	≤ 2 亿	≤ 2 亿	非国家禁止、限制和淘汰的产品及服务	企业在填报上一年及当年内未发生重大安全、重大质量事故和严重环境违法、科研严重失信行为，且未列入经营异常名录和严重违法失信企业名单

资料来源：笔者根据《科技型中小企业评价办法》中的认定标准制作。

除了满足表 2.3 中的标准要求外，企业需要根据《科技型中小企业评价办法》中制定的评价指标逐项进行综合评价打分，且同时满足：综合打分成绩不低于 60 分且企业中科技人员指标得分不为 0。在综合打分时，需要分别对"科技人员指标""研发投入指标"和"科技成果指标"三个类别，按照企业自身实际情况进行打分，总分是 100 分，具体评价指标如表 2.4 所示。

（3）科技型中小企业的发展特点。科技型中小企业是知识密集型企业，根据前文我国对于科技型中小企业的评价标准就可以看出，它与一般的中小企业相比有着很大不同。张玉才等（2008）认为科技型中小企业具有资产规模较小、知识密集度高、研发投入高、技术创新能力强、经营方式灵活等特点。本书认为新时代科技型中小企业的发展特点如下。

第一，科技型中小企业数量增长迅速。在"双创"的时代背景下，全国各地纷纷出台各类相关政策来推进科技型中小企业发展壮大，从而出现了大量科技型中小企业（江苏和广东的企业数量最多）。科技部科技型中小企业服务平台的数据显示，截至 2019 年第一季度，我国科技型中小企业登记入库数量达到了 130703 家。

表 2.4 科技型中小企业评价指标评分细则

科技人员指标	得分（满分20分）	研发投入指标（二选一）				科技成果指标	得分（满分30分）
		研发费用占销售收入比重	得分（满分50分）	研发费用占成本费用支出比重	得分（满分50分）		
30%（含）以上	20	6%（含）以上	50分	30%（含）以上	50分	拥有一项及以上Ⅰ类知识产权	30
25%（含）~30%	16	5%（含）~6%	40分	25%（含）~30%	40分	拥有四项及以上Ⅱ类知识产权	24
20%（含）~25%	12	4%（含）~5%	30分	20%（含）~25%	30分	拥有三项Ⅱ类知识产权	18
15%（含）~20%	8	3%（含）~4%	20分	15%（含）~20%	20分	拥有两项Ⅱ类知识产权	12
10%（含）~15%	4	2%（含）~3%	10分	10%（含）~15%	10分	拥有一项Ⅱ类知识产权	6
10%以下	0	2%以下	0分	10%以下	0分	没有知识产权	0

资料来源：笔者根据《科技型中小企业评价办法》中的内容制作。

第二，科技型中小企业越来越依靠知识资本。从科技型中小企业的评价标准中就可以看出，创新是企业发展的动力和命脉，这就需要获取和转化越来越多的新知识，并且能够利用已有知识体系不断应用和扩展，而这都离不开知识资本的积累。所以不管企业是高新技术产品的生产者还是知识的提供者，都需要吸纳新知识，增加企业知识存量，提高创新能力和经营绩效，提升市场竞争力。

第三，科技型中小企业重视客户体验。在我国科技型中小企业数量不断攀升的形势下，企业要想在激烈的市场竞争中获得自己的一席之地，就要在充分满足客户需求的同时，提升服务体验，提高客户满意度，这就要求企业提供服务时增加更多的互动和反馈，更加重视客户体验。

第四，科技型中小企业专注于专业服务。由于当下很多科技型中小企业存在转化低、成长慢的突出问题，因此越来越多的企业选择各自的优势特色发展，最终从产值增长型模式向价值驱动型、知识密集型模式转型（周国林等，2018）。在知识经济的时代背景下，随着互联网的普及和移动通信技术的快速发展，出现了大量提供专业化服务、提供高新技术支持的科技型中小企业，传统企业也在转型过程中不断开拓专业服务业务。

2.4.2　扎根理论

格拉泽和斯特劳斯（Glaser 和 Strauss，1967）首先提出了扎根理论（Grounded Theory）。他们认为扎根理论是一种自下而上的归纳式的研究方法，主张扎根于收集的资料，从日常的生活经验和社会现象中提出概念，构建理论。扎根理论与量化研究不同，在运用扎根理论的过程中，研究者不需要在研究开展前进行提前的研究假设，而是直接从所收集的资料中进行经验概括，归纳概念，发现概念之间的联系，最终升华为理论。其主要研究步骤包括：收集原始资料（包括一手资料和二手资料），对原始资料进行编码，归纳形成概念和类属，反复比较进而建立概念类属之间的联系，最终构建理论（Strauss 等，2008）。扎根理论研究的一般过程如图 2.6 所示。

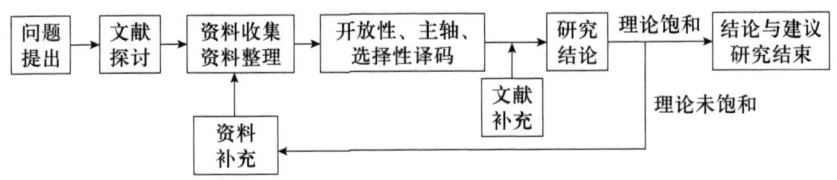

图 2.6   扎根理论研究的一般过程

扎根理论自开创以来被应用到了不同的学科领域，受到了大量学者的认可。而由于不同学科的学者的研究背景和理论基础存在一定的差异，扎根理论在实际应用过程中出现了不同的流派（Glaser 等，2007）。目前学界存在三种扎根理论流派，即 Glaser 和 Strauss 提出的经典扎根理论、Corbin 提出的程序化扎根理论、Charmaz 提出的建构主义扎根理论。本书根据 Corbin 提出的"程序化扎根主义"的思想，按照其资料收集和资料分析的要求运用扎根理论。三种流派的具体异同点如表 2.5 所示。

表 2.5   扎根理论三种流派对比表

流派	提出者	相同点	不同点			
			哲学基础	理论视角	资料收集	资料分析
经典扎根理论	Glaser 和 Strauss	都是归纳性的质性研究方法，都强调研究过程	客观主义	实证主义	保持中立，尽可能不干预被研究者	实质性编码和理论性编码
程序化扎根理论	Corbin		客观主义	后实证主义（认为分析数据是研究者的一种解释）	保持中立，尽可能不干预被研究者	采用三级编码程序：开放式编码、主轴编码和选择性编码
建构主义扎根理论	Charmaz		建构主义	解释主义	提倡与被研究者互动	启发性，灵活编码

2.4.3   TSC（时间－空间－内容）理论

学者 Naukkarinen 最初从时间、空间和内容三个视角研究当代美学。在此基础上，国内学者姚伟等（2020）基于系统论、整体论和协同论，在研究中不断对其进行探索和扩充，认为数据具有多重表征形式且具有多种属性，因此需要多元化、多视角融合性地审视数据。具体而言，研究所需的数据具有多重表征形式、多重属性，需要结合研究主题，针对数据的不同属性，从不同视角进行审视和分析，深度挖掘数据价值。

TSC 理论中的"TSC"分别对应英文单词"Time""Space"和"Content"的首字母，从单词的字面意思就可以了解 TSC 理论的框架为"时间""空间"和"内容"。具体来看，TSC 理论依据数据的不同属性，从时间、空间、内容方面进行三位一体的分析。在时间维度采用时间序列分析，寻找数据在时间维度上的规律；在空间维度采用社会网络分析，利用可视化的图形展现研究对象的分布和关系；在内容维度采用扎根理论编码技术分析，从原始资料中生成理论。

在 TSC 理论中，时间、空间和内容三个维度存在动态和静态两个特性。时间维度和空间维度体现数据的动态性，内容维度体现数据的静态性。分析时应聚焦于研究主题，通过多维度、多方法进行数据动员，挖掘数据背后的潜在规律和价值，如图 2.7 所示。

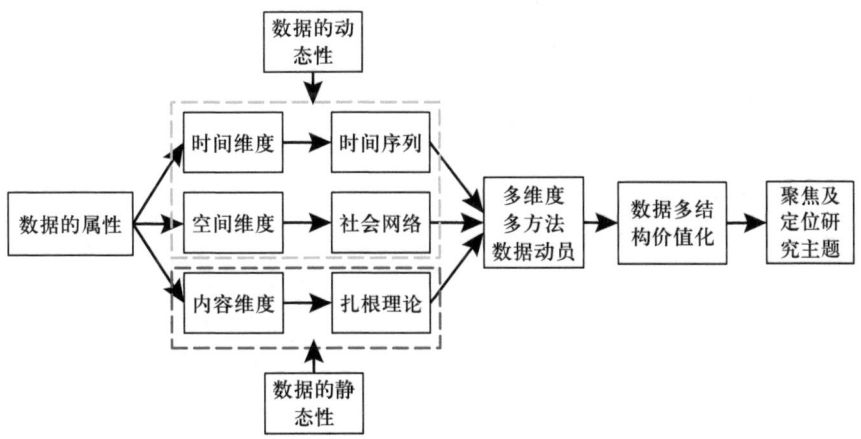

图 2.7　TSC 理论的研究思路

2.5 研究评述

通过对文献的分析和梳理可知，国内外学者对于科技型中小企业的研究多集中在融资模式、组织管理和创新等领域，研究其知识服务的较少。知识服务的相关文献主要集中在图书馆、科研院所领域，研究传统知识服务机构的服务模式、现状等。

知识服务在知识经济的背景下越来越受到学界和社会的重视，知识服务的过程就是企业和客户共同创造价值的过程。在部分研究科技型中小企业知识服务的文献中，大多数学者是将企业作为科研院所知识服务的对象，探寻企业的知识服务需求。

在实施创新驱动战略和科技型中小企业转型的背景下，本书认为科技型中小企业知识服务是指以科技创新为基础的知识密集型中小企业，按照客户需求，为其提供技术支持、解决方案、管理咨询等一系列专业化知识服务业务。本书立足当前知识经济的时代背景，以价值共创视域切入，利用 TSC 理论对案例研究对象进行了多维度分析，对科技型中小企业知识服务进行了详尽的探讨。

第 3 章 >>>>>>

案例设计及数据收集

3.1　研究方法

　　当前企业开展的知识服务业务正处在初级阶段，服务模式和服务效果有待精确识别，服务过程中企业与客户的互动关系有待分析和研究，这就要求研究者能够跟进企业知识服务的全过程，从企业知识服务的现状、企业知识服务过程中企业与客户之间的关系、企业知识服务模式的优化等方面进行全面的分析。

　　国内学者姚伟等（2019）在其文章中首次利用 TSC 理论，从时间、空间、内容三个维度分析数据资料，对网络社区的知识动员模式进行了全面的研究。TSC 理论的理念是数据具有多重表征形式且具有多种属性，需要多维度地审视数据。因此，为了全面探究科技型中小企业与其服务对象之间的互动关系，识别和优化其知识服务模式，采用 TSC 理论作为研究方法是较为合适的。

3.2　案例选择及介绍

3.2.1　案例选择

　　本书选取 PPG（天津）智能科技有限公司作为案例研究的对象，原因如下。

第一，PPG（天津）智能科技有限公司是一家典型的科技型中小企业，成立于 2012 年。该公司研发了多个知识服务平台，致力于为工程领域提供全产业链系统风险咨询管理服务和一站式解决方案。以该公司作为研究对象，具有较好的代表性和典型性。

第二，PPG（天津）智能科技有限公司以提供各类管理咨询服务和专业的工程风险解决方案为主要业务，是典型的知识服务产品提供商。做好知识管理和知识服务是该公司努力的目标，为此，公司借助 PPG 知识服务平台，在线上提供不间断的实时咨询服务，实现服务模式多样化，同时线上和线下的差异化服务和个性化服务给客户带来了不同的服务体验。

第三，笔者对比了多家科技型中小企业，详细比较了相关条件（见表 3.1），特别是企业主要业务和知识服务模式创新等方面，发现 PPG 更值得我们深入研究。

表 3.1　案例选择情况统计表

相关条件	PPG 智能科技	RW 科技股份	BL 健康咨询有限公司
企业规模	按《中小企业划型标准规定》划分，属于小型企业	按《中小企业划型标准规定》划分，属于中型企业	按《中小企业划型标准规定》划分，属于小型企业
入库时间	2018 年第四批	2019 年第十二批	2019 年第七批
企业性质	有限责任公司	股份制企业	有限责任公司
企业发展阶段	成长型企业（成立于2012 年）	成长型企业（成立于 2012 年）	初创型企业（成立于2014 年）
企业主要业务	开展风险咨询管理和解决方案提供等知识服务业务，是典型的知识服务产品提供商	大数据以及语音识别、VR 等技术，企业经营"易开单"	健康信息咨询、医院管理服务、医疗器械
企业当前阶段任务	做好公司知识管理和知识服务	为企业经营提供先进的整体化管理方案	着力发展物联网
服务创新	研发并上线知识服务云平台和项目个性化平台	大数据、云平台	技术服务
知识服务模式	多种服务模式并行，传统服务 + 云服务	以云平台 SaaS 为主	健康信息咨询服务

相关条件	PPG 智能科技	RW 科技股份	BL 健康咨询有限公司
数据资料获取	可参与企业项目，收集各类一手数据	无法参与企业项目，可访谈	无法参与企业项目，可访谈

3.2.2　案例介绍

PPG（天津）智能科技有限公司坐落于天津市经济技术开发区滨海中关村科技园内，拥有职工 42 人，其中科技人员 12 人，占比 28.6%。公司是一家增值型工程风险一站式解决方案供应商，致力于为工程领域提供全产业链知识服务与商务风险管理服务，为承包商、业主、分包商、供应商提供全过程动态风险管理和一站式知识服务。

公司前身是一家传统的工程技术咨询企业，业务主要是提供合同服务和成本核算。在互联网、电子商务、云服务快速发展的趋势下，公司自 2013 年开始转型，吸纳了大量研发人员，打造了动态风险管理系统和在线服务、项目管理云平台等产品，加快了知识服务业务的推进，扩大了客户范围和规模。

PPG（天津）智能科技有限公司以知识服务为基础入口，以推动项目全过程风险动态管理为导向，通过云服务提供以风险管理增值为核心目标的一站式解决方案。总承包项目全过程动态风险管理服务包括风险识别与评估、中标后合同谈判、征地拆迁与地方矛盾处置、分包与采购体系风险管理、安全事故与突发事件处置、变更与索赔、工程保险索赔、审计风险管理、争议解决、PPP 项目风险管理等模块。

2014 年，公司开发的 PPG 工程风险动态管理系统正式上线。该系统充分发挥了技术优势，与项目部实现了总承包合同文件、设计文件、分包与采购合同文件、变更索赔文件等数据的同步共享与运用，实现了项目全过程风险管理模块化、流程化、标准化，大幅提高了知识服务的效率与及时性。

2016 年开始，公司将投资类（PPP）项目全过程风险管理服务延伸到前期的投资区域风险识别与评估、交易模式与合同架构设计服务、项目公司设立与运营服务，以及后期的项目服务采购、线上知识服务业务等。2017年继续加大研发投入，借助云技术的发展开展基于云服务的各项在线服务和项目管理服务。

3.3　资料收集

3.3.1　截流汲取法

针对研究主题和研究对象的特殊性，本研究提出了截流汲取法。该方法包括了数据收集的五个过程，如图3.1所示。

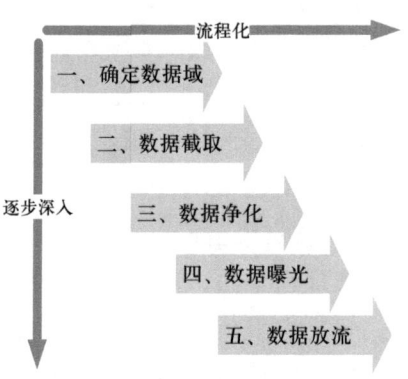

图 3.1　数据截流汲取法之数据的过程

（1）确定知识服务的数据域。本研究数据收集要解决的问题是：收集的数据单元（粒度）；收集哪些数据项；什么时候进行数据收集（王敬华等，2005）。知识服务数据域是指知识服务数据收集的范围，重点是指知识服务数据的种类、知识服务数据的流程、知识服务数据的处理方式、各种工作的过程、票据、工作人员在实际工作中为了知识服务的有效性自己设计的知识服务表单，以及工作人员因客户的原始表单设计形式不合理而自行设计的知识服务表单等（刘玉照等，2003）。这些知识服务表单、报表等都是原始知识服务数据。不同的科技型中小企业管理人员产生不同的知识服务需求及数据，科技型中小企业底层管理人员产生内部知识服务数据，这些数据具有可重复性和低级别性。

科技型中小企业中层管理者产生短期和长期的知识服务数据，由于他们的工作具有发现并解决问题的性质，因此科技型中小企业中层管理者迫切需要实时知识服务数据。科技型中小企业中层管理者高度依赖内部知识服务信息，更需要历史知识服务信息，以及允许预测未来事件和模拟无数可能场景的知识服务信息。科技型中小企业战略层高度依赖外部知识服务数据，这些数据提供了关于市场走向和竞争对手战略的知识服务信息（Kenneth 等，2004）。

（2）知识服务数据截取。这一部分就是深入科技型中小企业之中，进行实际的知识服务数据收集。数据收集团队需要制定相应的对策、制度及规章，研究小组的成员要随时沟通，就其中的问题进行研讨，集思广益，从而使知识服务数据收集的及时性得以保证。在实际工作中，知识服务数据收集的详细程度和知识服务研究的质量成正比关系，知识服务数据收集成本随着经验的增加而下降。

（3）知识服务数据净化。在实际工作中，有些知识服务数据收集人员往往不清楚其所收集数据的适用性，即收集的知识服务数据是否可以真正用于程序设计。例如，在知识服务需求分析过程中，有的人员把相应的盖章、签字、按手印等业务处理过程作为计算机处理的知识服务数据流，从而使知识服务数据收集失去了准确性、有效性及适用性。

为此，在知识服务数据收集中要进行净化，其指导原则如下。一是知识服务数据收集要突出重点，尤其不能遗漏关键知识服务数据。二是知识服务数据收集要真实可靠。三是知识服务数据收集要保证连续性和系统性。在收集知识服务数据时，对某一对象发展变化的一系列动态情况和特征要进行系统、连续的考察。四是知识服务数据收集要少而精。不同的数据所含信息量的大小、价值的高低是不同的，因此，知识服务数据收集者要善于收集信息含量大、价值高的数据，而不是收集大量一般性的数据。

（4）知识服务数据曝光。在收集知识服务数据的过程中，可能会收集到错误的知识服务数据，同时也可能引入一些无用的知识服务数据。这些无用的知识服务数据会干扰研究过程及分析过程，它们具有的数据属性会显著区别于大多数数据集所共有的特征，一般称它们为"奇异点"。通过知识服务数据曝光分析，可将这些数据从所收集的数据中排除掉。

（5）知识服务数据放流。这是知识服务数据收集的最后一个环节，理想状态是可将数据直接用于研究分析，不再需要涉及研究对象的业务或者与知识服务数据收集有关的任何活动，知识服务数据收集到此告以结束。

但是实际工作中往往难以完成，并且研究对象的业务可能在研究期间不断改进。虽然必须允许局部改动，但是先期必须把研究过程透明化，尽可能反映实际需要。所以以上各个步骤要认真地完成，还有必要与研究对象保持联系，及时沟通、反馈，若有不妥及时改正，并提交调整说明，保证满足研究对象知识服务的目标，实现数据处理传递的正确性。

综上所述，一是知识服务数据收集的全过程由完全化向弹性化方向发展。例如，知识服务数据收集的一些环节被压缩、合并，一些环节自动完成和适时调整，从而节省了时间和人力成本，提高了知识服务数据精度和收集工作的效率，体现了更多的灵活性和弹性。二是知识服务数据收集由依赖人员转向依赖收集设备。三是知识服务数据收集的工作重心正逐步由记录为主，转变为数据的搜寻与处理，再到全过程的科学设计和对知识服务数据结果的解释。四是知识服务数据收集的主流方式由传统的采用纸和笔转变为采用智能设备。

3.3.2　截流汲取法应用

为了满足 TSC 理论对资料收集的要求，对研究对象进行全面的分析，提高效度，需要采用不同的资料收集方式，通过不同的信息来源收集数据资料。

本研究收集了案例公司大量的一手资料和二手资料。其中，一手资料包括研究者通过长达 10 个月的跟踪调研收集的大量公司内部资料，以及对公司领导和员工进行非结构化访谈得到的访谈文本；二手资料主要来源于天津滨海中关村网站的新闻报道和对该公司领导的视频采访、公司网站以及 PPG 知识服务平台。

　　为了保证数据的准确性和可用性，研究者对两种渠道收集到的数据进行了检验和对比，并再次通过访谈、微信咨询、电话确认等形式进行交互验证，持续补充新的资料，更正对比后发现错误的数据，最终形成本研究所用的数据。研究数据资料来源及内容如表 3.2 所示。

表 3.2　研究数据资料来源及内容

类型	来源	对象	内容	时间
一手资料	公司调研	平台服务、PPG（天津）智能科技有限公司	平台服务模块、公司业务流程	2018年共计3次
	工作参与	个性化知识服务、咨询业务、客户管理	知识服务产品构成、方案设计	2018年1月到9月，共9个月
	现场访谈	领导3次，0.5 小时/次；员工11次，0.5~1 小时/次	公司知识服务业务、知识服务相关内容、价值体现	2018年12月到2019年1月
二手资料	官方信息	天津滨海中关村网站	关于 PPG 公司的新闻报道、对公司领导的视频采访	2018年后实时采集
	网站信息	PPG 公司官网、服务客户官方网站	公司官网、服务客户网站关于 PPG 的信息	2018年后实时采集

◁3.4　分析策略

　　本研究基于 TSC 理论，通过多维度、多方法对收集的数据资料进行分析。

　　在数据的时间维度，采用时间序列分析。分析研究对象 2013—2018 年的知识服务资料，包括服务合同台账、服务次数、服务人员情况等，以期在时间维度上发现该公司在知识服务业务上的规律性，探索数据在时间上的关联性。

在数据的内容维度，采用扎根理论编码分析。本研究对收集的一手数据和二手数据进行人工编码分析。在编码过程中，将编码者分为两组，使其单独进行编码工作，并进行编码一致性分析和讨论，对于差别较大的编码通过讨论达成统一意见。

在数据的空间维度，采用社会网络分析。利用 Ucinet 社会网络研究工具，形成研究对象与客户的网络关系图，分析公司与客户、客户与客户之间的潜在联系，并使用 Netdraw 工具进行可视化展现，建立关系聚类模型。

最后归纳科技型中小企业知识服务业务开展过程中存在的问题，结合案例研究结果，给出相应的建议。

第 4 章 >>>>>>

TSC（时间–空间–内容）理论分析及发现

〈4.1〉 时间维度

在时间维度，笔者收集和整理了 PPG（天津）智能科技有限公司 2013—2018 年的知识服务相关数据资料，包括服务合同台账、企业员工数据、报销凭证数据等，以期通过各类数据了解知识服务业务发展情况。通过整理公司的合同台账，对签约的知识服务新项目的合同台账进行统计，得到 2013—2018 年期间每年的客户新增数量，并以年份为横轴，新增客户数量为纵轴，制作了客户增量曲线图，如图 4.1 所示。由该图可知，PPG（天津）智能科技有限公司在 2016 年新增客户数量达到峰值，而后逐年下降，2018 年全年的新增客户数量仅有 5 家，与 2016 年相差甚远。

同样，以年份为横轴，公司客户总数和公司员工出差次数为纵轴，制作时间序列图，如图 4.2 所示。在图中我们可以看出，虽然该公司签约客户数量的增长率逐年下降，但公司签约客户总数仍然是不断增加的。在这种客户总数不断增长的情况下，笔者统计发现，公司员工出差的记录次数在 2016 年以后呈现略微下降的趋势，并没有随着签约客户的增长而增加。出差次数的下降表明公司指派员工到客户所在地服务的次数不断减少。

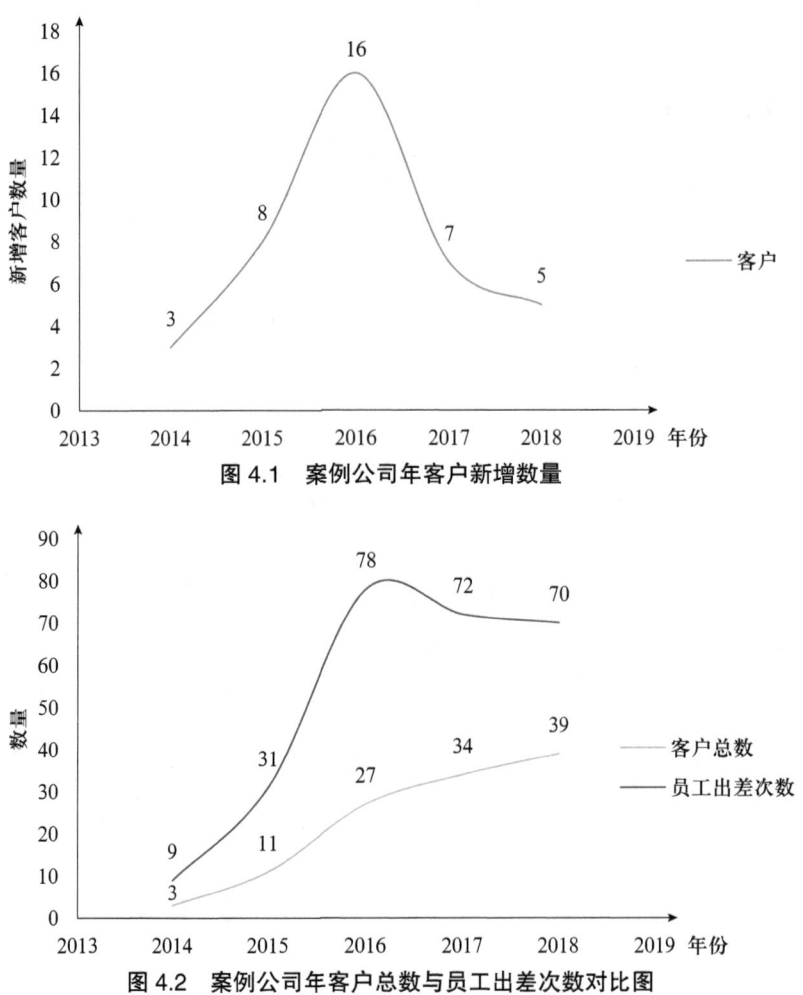

图 4.1　案例公司年客户新增数量

图 4.2　案例公司年客户总数与员工出差次数对比图

4.2　内容维度

在数据的内容维度，本研究采用扎根理论的研究方法，对收集的数据进行编码，并通过不断比较和理论抽样，在系统、科学的研究过程中逐步构建出基于现实资料的理论模型。

本研究对收集自 PPG（天津）智能科技有限公司的一手数据和二手数据进行了编码、对比和归纳。本研究采取的扎根理论研究范式是学者柯宾（Corbin）提出的程序化扎根理论，分为开放式编码、主轴编码、选择性编码三个阶段，最终抽象出核心范畴。

4.2.1　开放式编码

开放式编码（Open Coding）是对原始资料的第一轮编码，是对资料中可以归纳的部分"贴标签"，通过标签来反映资料的概念。并且将原始资料"打散"和"揉碎"，进行重新组合。经过开放式编码后，资料会分成不同的类属，进入下一轮的编码。在这个编码过程中，要根据当前编码显示出的概念不断提出问题，搜集新的资料进行比较，从而生成新的类属，实现研究的不断聚敛。

本研究借助 Nvivo 11.0 质性分析软件，分别对收集的一手资料和二手资料单独进行了开放式编码，然后对两组编码进行不断比较，统一编码差距大的标签，保证编码的一致性。

第一轮：研究者逐句阅读和提炼，经过编码和比较建立 432 个自由节点。

第二轮：通过对自由节点的归类、合并，发展出 41 个树状节点。

第三轮：重复对比已归纳出的 41 个节点，避免和减少节点归纳中的错归和漏归。

第四轮：将相似的树状节点和同一类属的树状节点再次合并，形成 21 个新的树状节点。

经过开放式编码后，最终得到自由节点 432 个，二级树状节点 41 个，一级树状节点 21 个，即 21 个初始范畴。

开放式编码结果部分示例如表 4.1 所示。

表 4.1　开放式编码结果部分示例

初始语句	概念化	范畴化
乙方在本合同下生成的一切服务成果，包括交易方案、合同文本、意见书、调查报告、备忘录等咨询文件和服务成果，甲方均可以免费予以合理的使用。案例数据库在项目结束后，根据甲方需求进行端口的开放（摘自公司服务合同条款）	A1 客户需求 A2 根据需求执行 A3 成果享有 A4 免费服务	客户需求管理（A1、A2、A3） 免费增值型服务（A4）

续表

初始语句	概念化	范畴化
我们在 2017 年初首次为客户公司与总承包部构建全天候在线的"云端服务部"，基于云平台为客户提供法律知识服务，随时解决客户问题，主要以客户问、我们回复的形式进行（源自公司技术部管理人员）	A5 线上服务 A6 平台应用 A7 问题解答	平台问答型服务 （A5、A6、A7）
本次会议主要对仁寿大道项目服务全过程进行复盘，记录和讨论项目服务过程中产生的新问题、新知识点，编制一份《项目全生命周期风险防控管理手册》（摘自公司会议记录）	A8 服务经验回顾 A9 项目复盘 A10 覆盖知识盲点 A11 知识管理	增加知识存量 （A8、A9、A10） 内部知识管理 （A11）
像我们这些服务支持岗位的人，基本上每个月都要出差两三次。出差主要是到客户所在地，到现场进行问题解决、方案制定等服务工作。在一次驻地服务中，我们会与客户一同进行问题的研讨和解决，并不是我们直接决定方案。当然，一般我们出差解决客户问题得到的满意度都还挺高（源自对公司普通员工的访谈）	A12 派驻服务 A13 客户参与整个服务过程 A14 丰富案例经验 A15 满足客户需求	短期派驻型服务 （A12） 参与服务过程 （A13） 需求得以满足 （A14、A15）

4.2.2　主轴编码

在开放式编码过程中两组编码人员编码结果的一致性较高的条件下，需要对初次编码的内容继续归纳和提炼，寻找范畴与范畴之间的逻辑关系。主轴编码的过程需要对通过开放式编码得到的范畴进行聚类，不断分析和对比，合并具有相似维度或者具有类属关系的初始范畴，形成主范畴。

本研究针对开放式编码得到的 21 个初始范畴进行反复对比和归类，类属化后最终得到 6 个主范畴，分别是双向需求诊断、价值主张契合、组织整合资源、调整价值匹配、互动服务实现、价值共生共赢。主轴编码结果如表 4.2 所示。

表 4.2　主轴编码结果

主范畴	副范畴	范畴的内涵
双向需求诊断	客户需求管理	充分了解客户需求，挖掘客户资源
	公司需求管理	明确公司需求，降低自身成本和风险
	现场考察记录	双方通过现场考察，记录问题
	差异交流讨论	召开各类需求讨论会，交流问题
价值主张契合	提出解决方案	公司提出系列解决方案、服务方案
	组织方案讨论	组织公司内部和外部的讨论
	修订达成一致	修改方案，达成一致意见并开始实施
组织整合资源	增加知识存量	公司不断进行知识获取，增加知识存量
	外部交流共享	通过线上和线下的知识交流实现知识共享
	内部知识管理	公司通过知识管理，更好地开展知识服务
调整价值匹配	利益分享模式	公司为满足己方价值需求，调整盈利模式
	权衡投入产出	公司权衡成本和回报，调整匹配状态
互动服务实现	平台问答型服务	通过平台进行知识咨询
	专业替代型服务	公司作为服务单位代替客户解决问题
	自助查询型服务	客户自己通过平台查找所需知识
	短期派驻型服务	公司派员工入驻客户单位解决问题
	免费增值型服务	公司提供免费服务（非必须）
价值共生共赢	服务效果承诺	公司跟踪客户并兑现服务承诺
	需求得以满足	公司与客户双方的需求都得到满足
	参与服务过程	客户参与到知识服务的过程中
	经营效益提升	公司与客户共同提高了经营绩效
	品牌价值升华	公司和客户的品牌价值都得到提升

　　将编码得到的初始范畴按照节点的覆盖率进行比较，利用 Nvivo 11.0 软件工具，以覆盖率为横轴，案例节点为纵轴制图，如图 4.3 所示。可见覆盖率较高的案例节点为专业替代型服务，而在编码得到的五种知识服务业务模式中，覆盖率最低的案例节点是自助查询型服务，说明专业替代型服务是公司的主要服务形态，而自助查询型服务属于边缘化的服务形态，这也正与我们收集的客户访谈资料中提到的"自助查询次数较少，一般想不起来使用"是相吻合的。

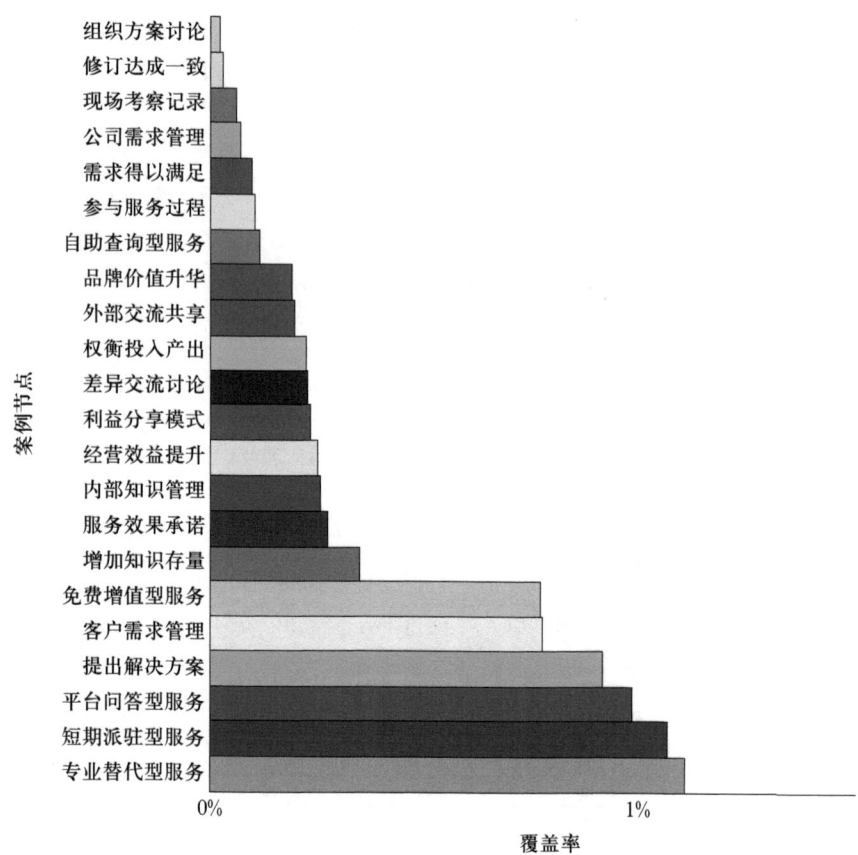

图 4.3　案例资料编码覆盖率图

4.2.3　选择性编码

选择性编码（Selective Coding）是资料分析的最后，是对范畴内容的第三步提炼，从而得到更加抽象、更高层次的范畴，形成核心范畴。在此阶段，对经过开放式编码和主轴编码呈现出的范畴，通过"故事线"，根据现象、条件、脉络、行动策略和结果这一逻辑范式模型，发现范畴与范畴之间的联系，从主范畴中找到核心范畴，从而将各主范畴串联起来（Strauss 等，2001）。

通过对 6 个主范畴的对比和分析可以发现，"双向需求诊断""价值主张契合"反映的是价值需求和价值主张的匹配，是知识服务价值共创的条件，属于前置因素；同理，"组织整合资源""调整价值匹配"属于知识服务价值共创的策略；"互动服务实现"反映的是公司与客户进行知识服务互动的五种模式，属于公司与客户知识服务的互动过程；而"价值共生共赢"是整个知识服务价值共创的结果。核心范式模型如图4.4 所示。

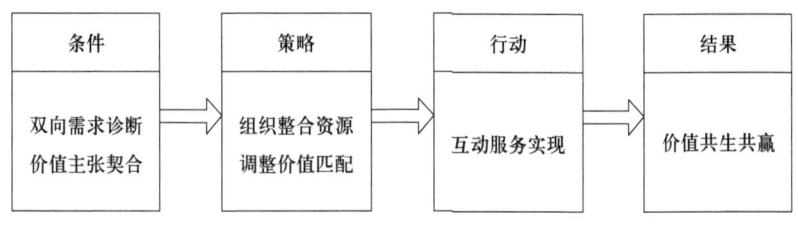

图 4.4　核心范式模型

因此，该案例通过选择性编码得到的"故事线"如下。

（1）科技型中小企业与其知识服务的客户共同进行双方需求的诊断（双向需求诊断）和识别，并进行服务方案设计，使企业的价值主张与客户的价值需求相契合（价值主张契合）。

（2）将诊断后契合的方案作为服务互动的标准，整合内外部资源（组织整合资源），权衡成本和回报（调整价值匹配），制定行动策略。

（3）通过多种服务模式与客户互动（互动服务实现），实现价值主张，满足客户需求。

（4）科技型中小企业与客户通过服务互动，实现价值共生共赢（价值共生共赢）。

所以，该案例的核心范畴为：在价值契合的前提下，科技型中小企业通过与客户知识服务互动的价值共创过程，实现双方价值共赢。

4.3 空间维度

4.3.1 客户 – 服务网络结构

围绕上文编码分析梳理出的五种知识服务模式，本研究整理了 PPG（天津）智能科技有限公司运营数据和网络平台系统中的历史数据，将其作为社会网络分析的原始数据，建立了 39 个客户公司参与或接受不同知识服务的 2– 模网络关系，目的是通过分析 2– 模网络关系，确定客户参与或接受知识服务的情况和每种知识服务模式的应用状态。原始数据矩阵如表 4.3 所示。

表 4.3　原始数据矩阵表

	短期派驻型服务	专业替代型服务	自助查询型服务	平台问答型服务	免费增值型服务
广东省仁化至博罗 TJ19 项目部	6	7	10	4	2
广东省云阳高速公路罗阳段项目部	5	5	4	0	1
贵州剑蓉高速项目部	0	2	3	1	4
吉林营松 8 标项目部	0	0	0	0	2
建兴项目部	1	1	4	1	4
永武项目 A15 段项目部	1	1	2	0	5
京石改扩建工程 JS6 项目部	2	5	2	0	3
南昌至宁都连接线 N2 标项目部	3	3	0	0	2
内蒙古管廊二期项目部	2	2	0	2	1
宁都至定南宁安段 A7 项目部	1	4	1	0	1
青海省共和至玉树公路项目部	0	3	1	0	0

续表

	短期派驻型服务	专业替代型服务	自助查询型服务	平台问答型服务	免费增值型服务
四川仁寿大道项目部	1	0	2	0	1
天津滨海洞庭路项目部	3	2	5	3	5
乌鲁木齐东二环道路项目第 WDRH–2 合同段	0	2	3	0	2
新疆维吾尔自治区国道 218 线霍尔果斯口岸项目部	2	3	0	0	1
广州南沙项目	1	2	4	0	0
繁大高速公路 A5 项目部	0	1	0	0	1
……	……	……	……	……	……

　　将原始数据矩阵导入 Ucinet 中，选择 2- 模矩阵进行对分处理，截断值设置为 1，得到 2- 模的 0-1 二分矩阵。0-1 二分矩阵能够更好地利用 Ucinet 的各项功能进行多角度的数据分析和可视化呈现。对分处理后的二分矩阵如表 4.4 所示。

表 4.4　对分处理后的二分矩阵表

	短期派驻型服务	专业替代型服务	自助查询型服务	平台问答型服务	免费增值型服务
广东省仁化至博罗 TJ19 项目部	1	1	1	1	1
广东省云阳高速公路罗阳段项目部	1	1	1	0	0
贵州剑蓉高速项目部	0	1	1	0	1
吉林营松 8 标项目部	0	0	0	0	1
建兴项目部	0	0	1	0	1
永武项目 A15 段项目部	0	0	1	0	1
京石改扩建工程 JS6 项目部	1	1	1	0	1

续表

	短期派驻型服务	专业替代型服务	自助查询型服务	平台问答型服务	免费增值型服务
南昌至宁都连接线 N2 标项目部	1	1	0	0	1
内蒙古管廊二期项目部	1	1	0	1	0
宁都至定南宁安段 A7 项目部	0	1	0	0	0
青海省共和至玉树公路项目部	0	1	0	0	0
四川仁寿大道项目部	0	0	1	0	0
天津滨海洞庭路项目部	1	1	1	1	1
乌鲁木齐东二环道路项目第 WDRH–2 合同段	0	1	1	0	0
新疆维吾尔自治区国道 218 线霍尔果斯口岸项目部	1	1	0	0	0
广州南沙项目	0	1	1	0	0
繁大高速公路 A5 项目部	0	0	0	0	0
……	……	……	……	……	……

由于上文中构建的 2- 模矩阵的横纵单位数量不一致，不是 Ucinet 做数据分析要求的方阵形式，因此为了更加全面地分析公司的客户 – 服务网络结构，先将上文中矩阵的行和列分别用 0 值补齐，在不改变原矩阵数据的前提下，通过行和列数量的增加，使其成为方阵，构建二部矩阵（Bipartite Matrix）。根据构建的 2- 模二分矩阵，借助 Ucinet 和 Netdraw 构建 PPG（天津）智能科技有限公司的客户 – 服务聚类模型，如图 4.5 所示。

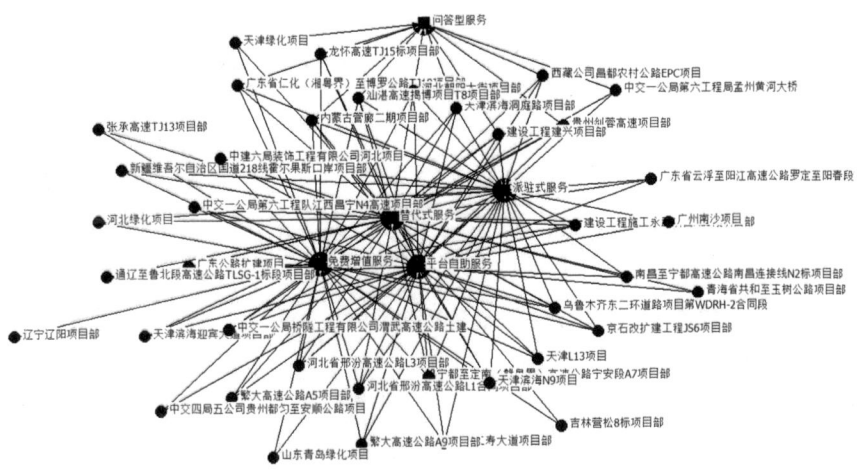

图 4.5　客户 – 服务聚类模型

从图中可以看到，部分圆形节点（客户）与正方形节点（服务）的连线较少，处于网络结构的边缘。该网络体现了 PPG（天津）智能科技有限公司对其客户服务的特征和双方互动的特征：边缘节点密集，体现了公司对客户的服务和双方的互动不足；网络结构图中存在孤立的节点，说明有一部分客户没有享受到公司的任何服务；"问答型服务"偏离网络中心，处在网络上方，说明该服务范围小，服务的客户数量少，客户主动使用的频次低，没有达到应有的服务效果。

4.3.2　中心度分析

在社会网络结构中，节点的中心度越大，表示该节点与其他节点链接的数量越多，在社会网络结构中越占重要地位，影响力越大；反之，中心度较低的节点在社会网络结构中的主动性和影响力都较差，一般处在网络结构的边缘。

利用上文中构建的 2- 模二部矩阵，借助 Ucinet 中的中心度计算得到客户中心度分析表和服务模式中心度分析表，如表 4.5 和表 4.6 所示。

表 4.5　客户中心度分析表

序号	客户名称	Degree	NrmDegree	Share
1	广东省仁博公路项目部	29.000	6.744	0.040
25	汕湛高速揭博项目 T8 项目部	21.000	4.884	0.029
20	河北省邢汾高速公路 L3 项目部	21.000	4.884	0.029
21	河北朝阳大街项目部	20.000	4.651	0.027
13	天津滨海洞庭路项目部	18.000	4.186	0.025
2	广东省云浮至阳江高速罗定至阳春段 T1 标项目部	16.000	3.721	0.022
38	中交一公局第六工程队江西昌宁 N4 高速项目部	16.000	3.721	0.022
37	中建六局装饰工程有限公司河北项目	15.000	3.488	0.020
19	河北省邢汾高速公路 L1 合同项目部	14.000	3.256	0.019
29	广东公路扩建项目	14.000	3.256	0.019
7	京石改扩建工程 JS6 项目部	12.000	2.791	0.016
27	天津滨海 N9 项目	11.000	2.558	0.015
5	建设工程建兴项目部	11.000	2.558	0.015
26	天津 L13 项目	11.000	2.558	0.015
3	贵州剑蓉高速项目部	10.000	2.326	0.014
6	建设工程施工永武项目 A15 段项目部	9.000	2.093	0.012
30	河北绿化项目	9.000	2.093	0.012
16	广州南沙项目	8.000	1.860	0.011
9	内蒙古管廊二期项目部	8.000	1.860	0.011
8	南昌至宁都高速公路南昌连接线 N2 标项目部	8.000	1.860	0.011
14	乌鲁木齐东二环道路项目第 WDRH–2 合同段	8.000	1.860	0.011
34	张承高速 TJ13 项目部	7.000	1.628	0.010
33	西藏公司昌都农村公路 EPC 项目	7.000	1.628	0.010
10	宁都至定南（赣粤界）高速公路宁安段 A7 项目部	7.000	1.628	0.010
23	龙怀高速 TJ15 标项目部	7.000	1.628	0.010
36	中交一公局桥隧工程有限公司渭武高速公路土建	7.000	1.628	0.010

续表

序号	客户名称	Degree	NrmDegree	Share
32	通辽至鲁北段高速公路 TLSG-1 标段项目部	6.000	1.395	0.008
15	新疆维吾尔自治区国道 218 线霍尔果斯口岸项目部	6.000	1.395	0.008
28	天津滨海迎宾大道项目部	5.000	1.163	0.007
12	四川仁寿大道项目部	4.000	0.930	0.005
11	青海省共和至玉树公路项目部	4.000	0.930	0.005
31	天津绿化项目	4.000	0.930	0.005
24	山东青岛绿化项目	3.000	0.698	0.004
18	繁大高速公路 A9 项目部	3.000	0.698	0.004
4	吉林营松 8 标项目部	2.000	0.465	0.003
39	中交四局五公司贵州都匀至安顺公路项目	2.000	0.465	0.003
17	繁大高速公路 A5 项目部	2.000	0.465	0.003
35	中交一公局第六工程局孟州黄河大桥	1.000	0.233	0.001
22	辽宁辽阳项目部	1.000	0.233	0.001

表 4.6　服务模式中心度分析表

序号	服务名称	Degree	NrmDegree	Share
41	专业替代型服务	101.000	23.488	0.138
42	自助查询型服务	101.000	23.488	0.138
44	免费增值型服务	81.000	18.837	0.110
40	短期派驻型服务	63.000	14.651	0.086
43	平台问答型服务	21.000	4.884	0.029

在本研究构建的客户网络结构中，节点中心度越大，表明该节点所代表的客户与公司互动最为频繁，接受或者参与公司知识服务的频次越高。如表 4.5 所示，有 10.26% 的节点的中心度大于 20，节点中心度最高的客户"广东省仁博公路项目部"的中心度达到 29，而节点中心度最小的客户"辽宁辽阳项目部"的中心度只有 1，数值相差较大。

以上分析结果表明：在该客户网络结构中各个客户的中心度差异很大，客户接受或者主动参与公司知识服务的兴趣和行动很不均衡，大多数客户在与公司签订服务合同后，很少主动参与到公司的各种知识服务中，甚至存在部分客户从未接受和参与过公司的知识服务。这些客户是公司最容易忽略的，也是最容易流失的客户群体。

在本研究构建的服务模式网络结构中，节点中心度越大，表明该节点所代表的知识服务模式的利用率越高，或者客户对该服务模式的喜好程度越高。如表 4.6 所示，在五种知识服务模式中，"专业替代型服务"和"自助查询型服务"的节点中心度最高，达到了 101；而"平台问答型服务"的节点中心度最低，仅有 21。

根据服务模式中心度的分析结果发现：在公司的五种知识服务模式中，利用率最高的是"专业替代型服务"和"自助查询型服务"，其中"自助查询型服务"是客户自助获取所需知识或者解决方案的特殊模式，是客户主动参与知识服务的体现，所以可以以此推断该服务模式是公司客户主动参与知识服务时最常用的模式。相反"平台问答型服务"模式的利用率很低，该模式需要专门的人力资源进行线上全时服务，占用的公司资源却没有为公司带来应有的效果。

4.3.3　数据由 2- 模网络转为 1- 模网络

分析 2- 模网络数据最常见的方法是把数据转换成两个 1- 模网络数据，通过 1- 模网络中每一类节点的相互关系，确定研究对象的关系。为了研究"客户与客户""服务与服务"两个 1- 模网络的关系，本研究利用对应乘积法（Cross-Product Method），通过软件运算得到客户 – 客户 1- 模网络数据矩阵（A、B、C 等代表客户名称）和服务 – 服务 1- 模网络数据矩阵。

如表 4.7 所示，客户 – 客户 1- 模网络数据矩阵中的对角线数据是指客户参与或者接受过几种知识服务。研究发现，A、C、G 等客户参与和接受过的公司知识服务的种类最多，这些客户与公司的沟通和交互更频繁；而 D 等客户几乎没有接受到公司的知识服务，同样也基本没有主动参与到知识服务中去。

表 4.7　客户 – 客户 1– 模网络数据矩阵

	A	B	C	D	E	F	G	H	I
A	5	3	3	1	2	2	4	3	3
B	3	3	2	0	1	1	3	2	2
C	3	2	3	1	2	2	3	2	1
D	1	0	1	1	1	1	1	1	0
E	2	1	2	1	2	2	2	1	0
F	2	1	2	1	2	2	2	1	0
G	4	3	3	1	2	2	4	3	2
H	3	2	2	1	1	1	3	3	2
I	3	2	1	0	0	0	2	2	3

如表 4.8 所示，服务 – 服务 1– 模网络数据矩阵中的对角线数据是指每种知识服务有多少客户参与其中。显然，"专业替代型服务"的频次最高，而"平台问答型服务"的频次最低。

表 4.8　服务 – 服务 1– 模网络数据矩阵

	短期派驻型服务	专业替代型服务	自助查询型服务	平台问答型服务	免费增值型服务
短期派驻型服务	17	17	13	5	13
专业替代型服务	17	27	19	5	17
自助查询型服务	13	19	22	4	16
平台问答型服务	5	5	4	5	4
免费增值型服务	13	17	16	4	21

4.3.4　奇异值分解

奇异值分解（Singular Value Decomposition，SVD）是一种矩阵思维的方法，其将复杂的、庞大的矩阵分解成多个小型矩阵，然后将分解出的小型矩阵相乘（Clark，2019）。奇异值分解是一种降维的方法，通过降维来探寻 2– 模网络（多值）背后共同的因子，挖掘数据背后的潜在关系。

对于 PPG（天津）智能科技有限公司的客户 – 服务 2– 模网络数

据,通过奇异值分解可以帮助公司对客户进行细分,发现潜在的客户关系和特定的服务组合,这对于公司客户关系的维系和服务质量、服务效果的提升具有重要价值。本研究利用 Ucinet 软件中的 SVD 工具计算奇异值,得到奇异值分解结果的描述性统计表,如表 4.9 所示。

表 4.9　SVD 描述性统计表

FACTOR	VALUE	PERCENT	CUM%	RATIO	PRE	CUM PRE
1:	33.953	54.3	54.30	3.350	0.669	0.669
2:	10.134	16.1	70.40	1.142	0.149	0.818
3:	8.874	14.2	84.60	1.671	0.114	0.932
4:	5.312	8.5	93.10	1.233	0.041	0.973
5:	4.308	6.9	100.00		0.027	1.000
	61.581	100.0				

从表 4.9 可以看出,经过计算得到了 5 个奇异值。其中,第一个奇异值的单个百分比达到了 54.3%,表明第一个奇异值非常重要;前三个奇异值的累计百分比达到了 84.6%,表明前三个奇异值是相对重要的,需要结合具体的因子得分情况做进一步的分析。

表 4.10 是公司客户的 SVD 分析因子得分表,上文中得到的三个最为重要的共同因子分别表示为 1、2、3,第一个共同因子达到了 54.3%的占比。从该表中可以看出:归属于第一个共同因子的有"广东省仁博公路项目部"(0.399)和"河北省邢汾高速公路 L3 项目部"(0.316)等项目;归属于第二个共同因子的有"贵州剑蓉高速项目"(0.236)和"京石改扩建工程 JS6 项目部"(0.207)等;归属于第三个共同因子的有"广东省云阳高速公路罗阳段项目部"(0.253)和"广州南沙项目"(0.212)等。

表 4.10　SVD 分析因子得分表(客户)

	1	2	3
广东省仁博公路项目部	0.399	0.093	−0.497
广东省云阳高速公路罗阳段项目部	0.225	−0.172	0.253
贵州剑蓉高速项目部	0.138	0.236	−0.248

续表

	1	2	3
吉林营松 8 标项目部	0.024	0.139	−0.194
建设工程建兴项目部	0.150	−0.248	−0.176
建设工程施工永武项目 A15 段项目部	0.123	0.132	−0.375
京石改扩建工程 JS6 项目部	0.176	0.207	−0.145
南昌至宁都高速公路南昌连接线 N2 标项目部	0.107	−0.232	0.109
内蒙古管廊二期项目部	0.093	−0.079	0.163
宁都至定南（赣粤界）高速公路宁安段 A7 项目部	0.107	0.218	−0.023
青海省共和至玉树公路项目部	0.067	−0.147	0.139
四川仁寿大道项目部	0.058	0.125	0.012
天津滨海洞庭路项目部	0.327	0.239	−0.113
乌鲁木齐东二环道路项目第 WDRH-2 合同段	0.121	0.167	−0.046
新疆维吾尔自治区国道 218 线霍尔果斯口岸项目部	0.084	−0.231	0.127
广州南沙项目	0.119	0.100	0.212
繁大高速公路 A5 项目部	0.028	−0.051	0.097
繁大高速公路 A9 项目部	0.041	0.062	−0.025
河北省邢汾高速公路 L1 合同项目部	0.214	0.184	0.004
河北省邢汾高速公路 L3 项目部	0.316	0.055	−0.116
……	……	……	……

通过观察 SVD 分析后网络结构的层次划分情况，发现归属于共同因子 1 的多为积极参与公司各种知识服务的客户，简称为"积极型"客户；归属于共同因子 2 的是接受或者参与知识服务都较少，容易被公司忽视的客户，简称为"忽视型"客户；归属于共同因子 3 的多为被动接受公司服务的客户，简称为"被动型"客户。根据上文发现的"积极型""忽视型""被动型"三个共同因子，进一步观察五种知识服务模式在三个共同因子上的载荷值，可以探索客户群体和公司服务背后的联系。表 4.11 是服务模式的 SVD 分析因子得分表。

从表 4.11 各服务模式的因子得分可以看出："短期派驻型服务"模式在共同因子 3 上的载荷得分最高（0.404），说明"被动型"客户群参与最多的知识服务为"短期派驻型服务"；"专业替代型服务"和"自助查询型服务"模式在共同因子 1 上的得分最高，分别为 0.558 和 0.599，说明"积极型"客户群接受和使用最多的知识服务是"专业替代型服务"和"自助查询型服务"；"平台问答型服务"模式在三个共同因子上的载荷得分都较低，没有明显的聚类倾向；而"免费增值型服务"模式在共同因子 2 上的得分最高（0.497），说明"忽视型"客户群使用"免费增值型服务"的比例较大。

表 4.11　SVD 分析因子得分表（服务）

	1	2	3
短期派驻型服务	0.381	0.307	0.404
专业替代型服务	0.558	−0.710	0.004
自助查询型服务	0.599	−0.636	0.333
平台问答型服务	0.139	0.099	0.137
免费增值型服务	0.407	0.497	−0.861

利用 Ucinet 计算 SVD 后，会得到如图 4.6 和图 4.7 所示的 SVD 二维散点图，这是 SVD 分析的可视化处理。根据可视化的图形，可以更加清晰地找出社会网络中节点背后的联系。图 4.6 是公司客户的二维散点图，图中每个正方形小点都代表一个客户，可以发现节点的位置是存在一定关系的，联系越紧密或者相似性越高的节点距离就越近，节点自然地分成了三个大的区域，也就是上文中得到的共同因子 1、共同因子 2 和共同因子 3。

从服务模式的二维散点图（见图 4.7）可以发现，"专业替代型服务"和"自助查询型服务"的节点距离最近。

通过奇异值分解（SVD）可以发现，在 PPG（天津）智能科技有限公司的客户 – 服务网络中，客户被分为"积极型""忽视型"和"被动型"三种类型（见表 4.12），五种知识服务模式在三种因子的对应下，也有了不同的客户群倾向。"积极型"客户群大多参与公司的各种知识服务，并且主动性强；"忽视型"客户群大多没有主动参与公司的知识服务，很容易被公司忽视，所以被动接受的服务也较少，服务模式上主要倾向于"免费增值型服务"；"被动型"客户群很少积极主动参与公司

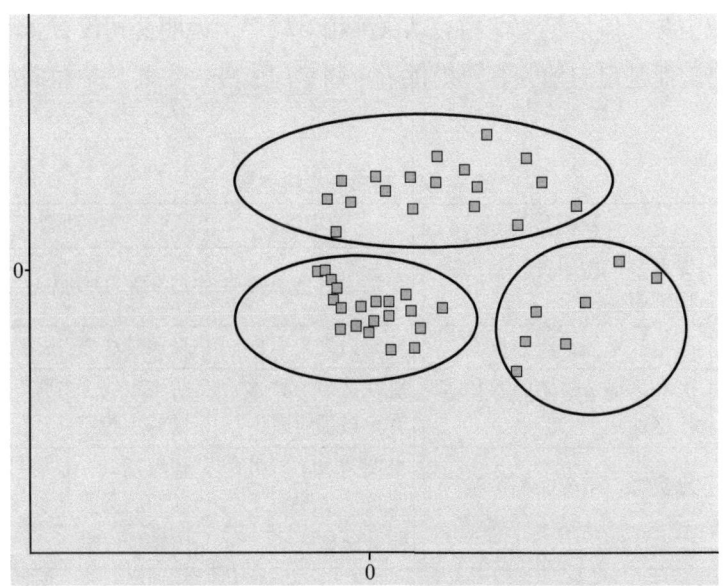

图 4.6　SVD 二维散点图（客户）

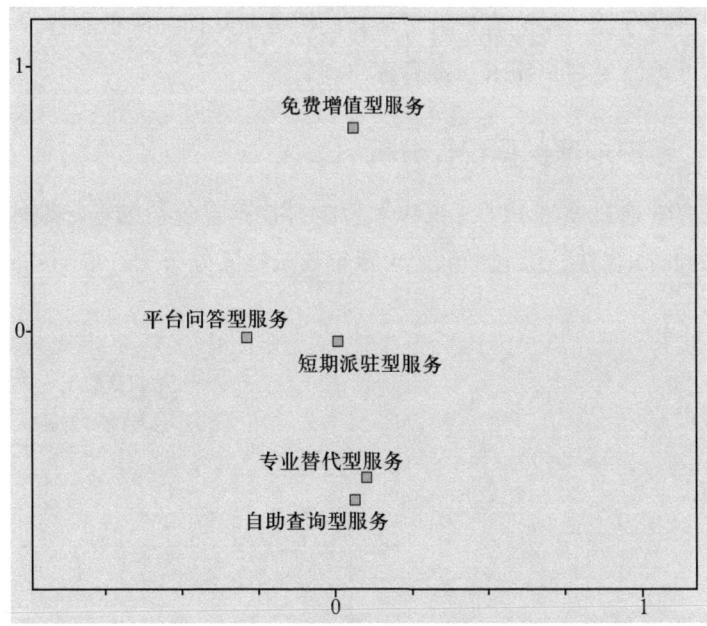

图 4.7　SVD 二维散点图（服务）

的知识服务，但接受公司的被动服务相对较多，说明公司没有忽略掉这些客户，而是定向地为客户提供了一些专门服务，主要是"短期派驻型服务"。

表 4.12　客户分类描述表

客户	积极型	忽视型	被动型
服务	专业替代型服务和自助查询型服务	免费增值型服务	短期派驻型服务
特点	服务效果好，满意度高	易成为流失客户	易发展为"忽视型"客户
结果	所在区域／群体的签约客户增加	所在区域／群体的客户量逐年减少	所在区域／群体的客户量基本稳定
措施	忠实客户培养，品牌推广	挖掘需求，以组合服务为主要模式	开展活动，加强线上互动和服务参与
举例	广东区域	河南区域	内蒙古区域

通过奇异值分解，可以使公司找到客户与公司服务模式的相关性，对客户进行分类，找到客户群更适合的服务，从而在降低服务成本的同时，精准地满足客户需求，提高客户满意度。

4.3.5　客户地区数据统计分析

研究者通过整理 PPG（天津）智能科技有限公司的客户地区数据，借助 Tableau 软件，绘制了该公司客户数量地区分布图，如图 4.8 所示。

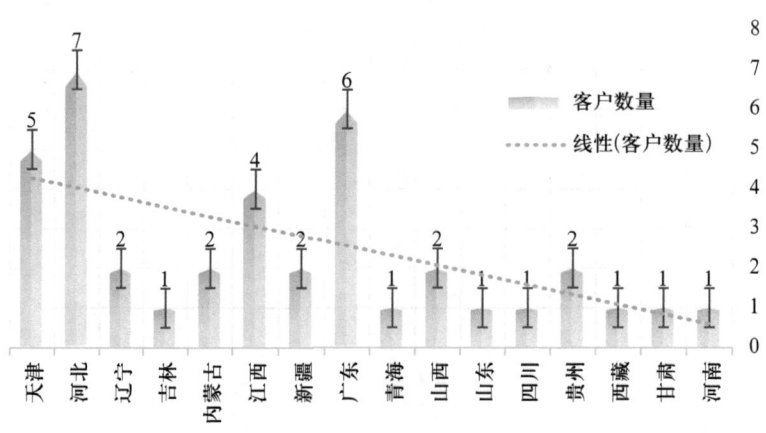

图 4.8　公司客户数量地区分布图

图中条形柱越高，代表该地区的客户数量越多，其中河北和广东的客户数量最大，而山东、河南、四川、甘肃等地的客户数量最小，黑龙江、湖南和湖北等地暂时没有签约客户。

对比图 4.8 中 PPG（天津）智能科技有限公司客户数量地区分布和表 4.13 中各地区首次签约时间，不难发现，天津市、河北省、河南省、山东省和广东省是公司最早签约客户的地区（2014 年），但是山东省和河南省客户数量较小，说明其从首次签约客户后到统计时间为止，并没有在原有客户的基础上发展新的客户；而河北省和广东省的签约客户量增长迅速，签约客户量分别排在第一和第二位。非早期签约客户的地区中，江西省的客户量后来居上，增长迅速。

表 4.13　客户数量地区分布及统计数据表

地区	客户数量	派驻服务次数	年均派驻次数	首次签约时间（年）
天津	5	25	5.0	2014
河北	7	23	3.3	2014
辽宁	2	3	1.5	2015
吉林	1	1	1.0	2015
内蒙古	2	5	2.5	2016
江西	4	13	3.3	2015
新疆	2	6	3.0	2016
广东	6	24	4.0	2014
青海	1	2	2.0	2016
山西	2	5	2.5	2016
山东	1	1	1.0	2014
四川	1	2	2.0	2017
贵州	2	6	3.0	2017
西藏	1	2	2.0	2018
甘肃	1	1	1.0	2016
河南	1	0	0.0	2014

通过对比各地区接受和主动参与公司五类知识服务的数据和各地区客户数量增长的数据，寻找服务和客户增长的关系，可以发现，派驻服

务的次数与各地区客户增长数量存在明显的联系。表 4.13 显示了各地区客户数量、派驻服务次数和年均派驻次数。从图 4.9 中可以较为直观地发现各地区客户数量和年均派驻次数的折线在整体趋势上是基本吻合的，说明上文提到的客户数量多和客户数量增长迅速的地区，其对应的派驻服务次数和年均派驻次数都高于其他地区，同时根据上文时间序列分析得到的出差次数和客户年度增加量的对比，可以确定派驻服务的次数直接影响了地区客户签约数量。

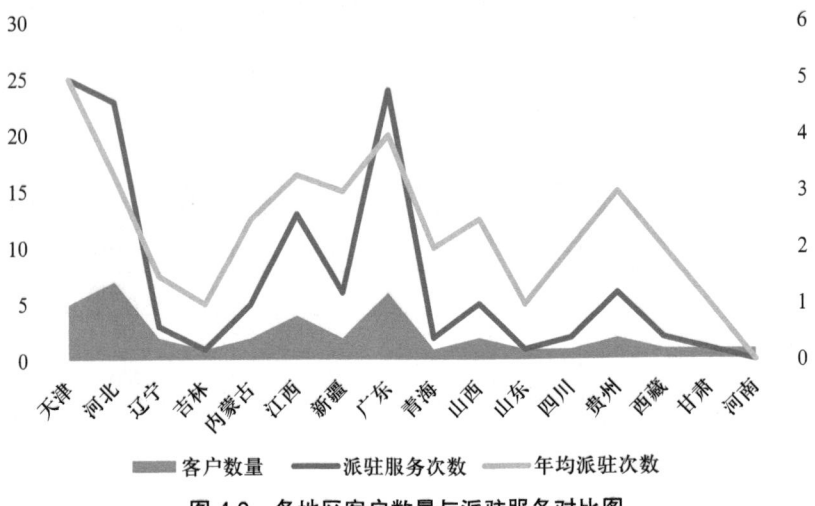

图 4.9　各地区客户数量与派驻服务对比图

第 5 章 >>>>>>

价值共创视域下知识服务模型构建

本章通过对案例进行扎根理论分析和社会网络分析，得出了科技型中小企业客户关系和服务关系聚类模型，展示了企业客户行为关系和服务运营情况，可以帮助企业深入了解客户行为，更高效地利用资源，更好地做到精准服务。同时结合根据扎根理论分析归纳得到的核心范式和价值共创下的知识服务路径，建立了价值共创视域下科技型中小企业知识服务模型。

〈5.1 关系聚类

在企业与客户进行知识服务活动的过程中，企业服务与服务之间和客户与客户之间存在着一定的网络关系，同一类型的客户可能参与不同的服务活动，不同的客户也在参与着相似的服务活动，而这正是企业容易忽略的营业数据背后的潜在联系。本研究试图以展示客户 – 客户聚类关系和服务 – 服务聚类关系的方式，建立关系聚类模型，以期通过模型分析使企业得到更多有价值的分析结果。

5.1.1 客户 – 客户聚类

客户 – 客户聚类是通过收集公司客户的行为数据，了解客户接受或者主动参与公司知识服务的行为之间存在的潜在关系。通过客户 – 客户聚类模型可以对公司的客户进行聚类，借助聚类结果进一步进行客户细分和客户研究。通过建立客户 – 客户聚类模型，可以深挖客户与客户之间的隐性关系，划分客户群，判断客户的服务偏好和客户群体的状态，从而稳定客户、挖掘客户、拓展客户，有利于公司实施精准服务策略。客户－客户关系聚类模型没有固定的可视化展示形式，下面通过本研究案例进行说明。

根据上文客户－客户的 1－模网络结构，借助 Netdraw 绘制客户－客户网络结构图，如图 5.1 所示。图中节点的连线越密集，表明该节点所代表的客户的中心度越高，其与其他客户的联系越紧密，或者相似性越高，潜在联系越多，越值得公司挖掘；处在边缘的客户则接受或者主动参与公司知识服务的频次较少，积极性较低，是公司需要积极开发和维系的客户群体。

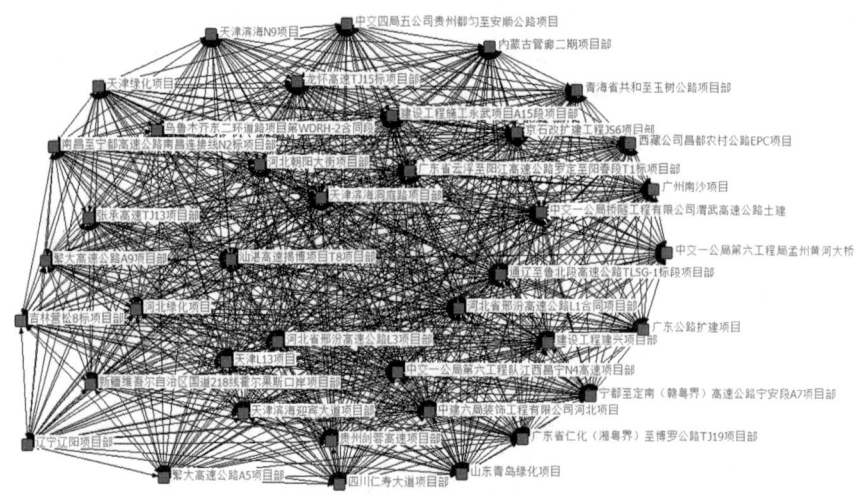

图 5.1　客户－客户网络结构图

将客户－客户网络结构图与通过奇异值分解得到的散点图中每个节点的位置——对应后，重新绘制得到新的客户－客户网络结构图，如图 5.2 所示。

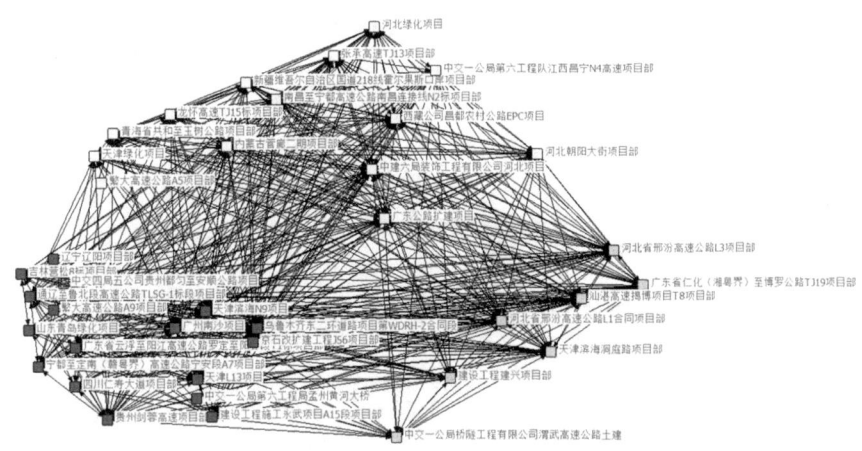

图 5.2　基于散点图的客户 – 客户网络结构图

如图 5.2 所示，公司根据客户 – 客户聚类模型的可视化效果图，可以清晰地看到"积极型"（右下）、"忽视型"（左下）和"被动型"（上）三种客户群体，了解三种客户群体的特征和共性，从而对不同客户群体进行差异化服务，更好地提升客户服务的质量和效率。

5.1.2　服务 – 服务聚类

服务 – 服务聚类是通过收集公司各种服务模式的使用 / 被使用频次和服务效果，以及混合使用 / 被使用的各种组合情况，来了解公司各种服务模式的运营情况。公司结合服务 – 服务聚类和公司自身各种服务模式的运营成本，可以了解各种服务模式的投入产出比，从而调整公司的服务侧重，更好地调配资源。服务 – 服务聚类模型以清晰展现服务模式的关系为目的，也同样没有固定的展示形式，下面通过本研究案例进行说明。

通过对服务 – 服务的 1– 模网络的分析计算，可以发现在五种服务模式中，"专业替代型服务"和"自助查询型服务"的出现频次最高，客户同时接受或者主动参与两项服务最多的是"自助查询型服务 + 专业替代型服务"组合，这也与上文中这两种服务的节点中心度最高的结论相吻合；而从计算后得到的散点图（见图 5.3）中也可以发现，这两种服务距离最近。这两种服务是"线上＋线下"组合，公司可以将这一"线上＋线下"的组合服务作为公司服务的亮点。

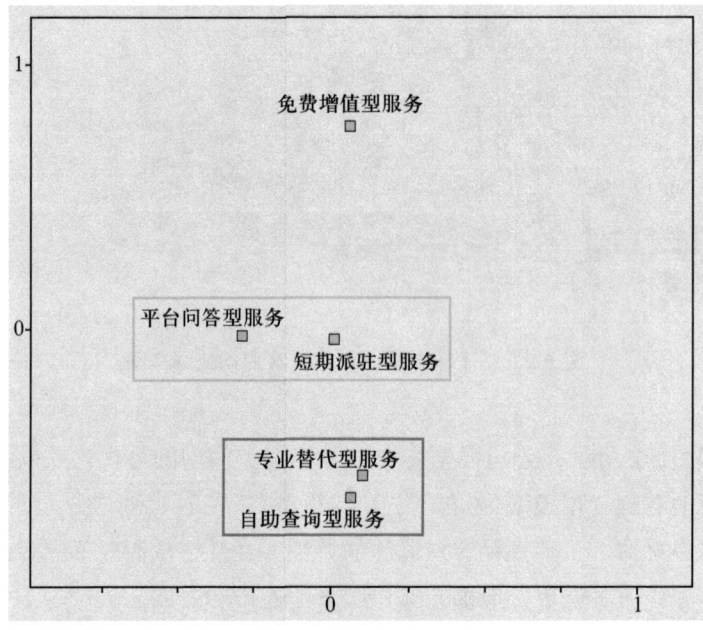

图 5.3　服务 – 服务聚类

5.2　价值共创视域下的知识服务路径

根据本研究对资料的扎根理论编码分析，得到本案例的核心范畴是：在价值契合的前提下，科技型中小企业通过与客户知识服务互动的价值共创过程，实现双方价值共赢。科技型中小企业与客户的服务互动过程符合"条件—策略—行动—结果"的典型范式。根据其过程可以将价值共创视域下的知识服务路径归纳为三个阶段，即服务起始阶段、服务实施阶段和服务完成阶段。

5.2.1　服务起始阶段

在服务起始阶段，客户价值需求和企业价值主张需要达成一致，这是知识服务互动的前提和驱动力。

客户存在知识服务需求时，会整合自身的价值需求，寻找可以为自己提供相应服务的知识服务企业。当客户发现了与己方价值契合的服务方，便会向其发出邀约。同样，在此阶段，知识服务企业也会不断在市场上寻找存在知识服务需求的客户。一旦双方建立了第一次互动联系，也就开始了双向的需求识别和诊断。提供服务的企业为了在开展业务、服务客户的同时，提升自身的品牌知名度、知识存量等，会在双方需求识别和诊断的过程中表达己方的观点，表明技能服务范围、专业人才队伍等；同样，客户也会在了解服务方资质、专业情况的同时，衡量己方的价值需求。

在双方需求识别和诊断的过程中，企业和客户不可能准确无误地了解自身需求定位，也不可能完全诊断出服务企业的知识服务水平是否能够完全满足自身价值需求。因此，为了达到价值需求和价值主张的契合，使服务更有效率、更有价值，客户和企业双方需要多次交流接触，进行需求管理，协商讨论方案。必要时需要进行实地考察，通过大量的经验交流，明确各自的需求，确定服务方案，为后续服务打好基础。

5.2.2　服务实施阶段

服务实施阶段是知识服务互动过程的核心阶段，知识服务的实施过程就是企业与客户共同创造价值的过程。在此阶段中，策略制定和互动实现是两个核心环节。

（1）策略制定。企业与客户在服务起始阶段达成价值契合后，会制定服务实施方案。而在策略制定过程中，企业与客户要进行及时的沟通，保证策略的有效性，防止资源浪费。为了达成约定，达到服务的预期效果，企业需要根据客户需求和服务实施方案约定的内容，逐条逐项进行任务分解。在任务分解过程中，企业可以找到任务的难点和亟待突破的瓶颈，并根据这些难点和瓶颈制定相应的策略，如寻找外部专业顾问、增加研发投入等。企业内部的知识管理和其他增加知识存量的制度，也可以有效地解决客户问题。而对于第一阶段制定的方案中未约定的利益分享细节，要在该阶段通过商议进行明确，从而在保证双方需求得到满足的情况下，降低成本，保证收益率。

（2）互动实现。互动实现的过程就是价值创造的过程，客户与企业通过各种类型的互动实现价值共创。互动实现一般包含以下三种类型：第一种是知识服务产品互动，企业为客户提供的是知识密集型产品，以解决客户技术或者管理上的问题。第二种是知识服务模式互动，企业为客户提供的知识服务存在多种模式，不同的模式有不同的服务目的和服务效果。像案例中的企业有平台问答型服务、短期派驻型服务、免费增值型服务等多种服务模式，企业通过这些服务模式与客户进行互动，为客户提供服务产品。第三种是知识交流互动，在企业与客户处理问题和合作的过程中，知识交流一直贯穿其中。

一般来说，在服务实施阶段，客户对知识服务企业的依赖程度更大，客户对于所产生的各类问题都会与知识服务企业共同讨论和商议，客户会有较高的参与程度，这使得知识服务企业与客户在深入交流和共同解决问题的同时，实现知识存量的增长和知识资本的积累。而知识服务企业为了更好地为客户解决问题，获得客户更高的满意度，提升客户服务体验，会积极收集各类信息并进行加工处理，投入技术、资源和知识。

5.2.3 服务完成阶段

在服务完成阶段，企业与客户通过互动和深入交流解决了服务方案约定的各类问题。一方面，客户通过企业提供的知识服务，满足了知识需求，获得了大量异质性资源，突破了管理和经营的瓶颈，实现了经营绩效的提升；另一方面，知识服务企业为了做好对客户的知识服务，实现方案约定，会不断吸纳新知识和开展技术创新，从而提升了自身的知识存量，创造了新的案例和实战经验。

服务完成阶段会有双方的评价反馈模块，客户通过企业的反馈，增加在价值匹配阶段的经验，加快价值调整的效率，减少不必要的成本；企业通过客户的反馈及时复盘，不断提升解决问题的能力，优化自身服务水平和效率，打造服务口碑和品牌。因此，在服务完成阶段，企业和客户双方在满足了各自价值需求的同时，通过服务互动过程中的人才参与、问题解决、技术投入等，提升了各自的知识存量和解决问题的能力，使双方同时获得能力的提升和品牌价值的升华。

5.3　价值共创视域下知识服务模型的构建

进一步剖析科技型中小企业知识服务与客户价值共创互动中三个阶段各自的深层次关系，即双向识别、共同参与以及价值共赢，并构建价值共创视域下的知识服务模型，是本研究的目的之一。

5.3.1　双向识别（前提）

研究发现，为了使服务更加高效，公司与客户应达成服务共识。共识的要素包括以下几点。

一是需求。公司和客户相互进行需求诊断，即公司要通过多次的交流，挖掘客户的需求，同样客户也要在交流探讨的同时，了解提供服务的公司有哪些需求。通过双向需求诊断，公司与客户在后续合作中的默契度会增加，从而降低风险和成本。

二是方案。方案制定和筛选是达成共识的关键要素。公司根据客户主动提出的需求和公司挖掘的客户需求，进行定制化的方案设计，客户基于自身需求和其他环境因素进行方案的筛选和修订，并且公司对于部分关键方案的制定往往采取多方案呈现的方式，让客户进行方案的筛选，缩短方案敲定的时间。

三是资源。为了高效、高质量地执行方案，公司需要整合相应的资源，为后续服务做准备。在内部，通过知识管理措施的实行，增加公司相关知识存量；在外部，通过与外界的知识交流和客户本身的资源，增加知识存量。

四是价值。公司通过成本核算、收益预估等方式，估算可获得的收益，从而权衡定价以及其他利益模式。例如，公司在合同中约定项目结束后获得 5% 的利益分成，而客户也会根据公司报价和可创造的价值进行对比和权衡，即双方共同调整价值匹配，并达成一致。

5.3.2　共同参与（条件）

Vargo 和 Lusch（2004）提出了以"服务主导逻辑"为基础的价值共创理论，Prahalad 和 Ramaswamy（2004）提出了以"顾客体验逻辑"为基础的价值共创理论。但在不同的逻辑主导下，公司和自己的客户都是共同参与到服务中的，且在过程中投入知识和资源，这是价值共创理论的前提（Cheung 等，2019）。企业与客户的互动活动与两者的价值创造呈正相关关系，参与互动活动越多，客户黏性越大（Hollebeek，2011）。

本研究发现，PPG（天津）智能科技有限公司为客户提供了五种知识服务模式：平台问答型服务、短期派驻型服务、自助查询型服务、专业替代型服务、免费增值型服务。为了让客户更好地参与知识服务，公司设计的五种服务模式包含了"线上 + 线下"的渠道和"主动 + 被动"的服务运营。

每一种服务模式的开展都需要公司和客户的共同参与，且共同参与度的高低，直接影响知识服务的效果。客户有各自的侧重和喜好，他们会将自己的资源提供和支持于某一项或者几项知识服务。通过共同参与，公司与客户在交互过程中获得必要的知识，满足己方需求并给予反馈，以优化知识服务，从而获得更好的服务体验和知识创造。如图 5.4 所示。

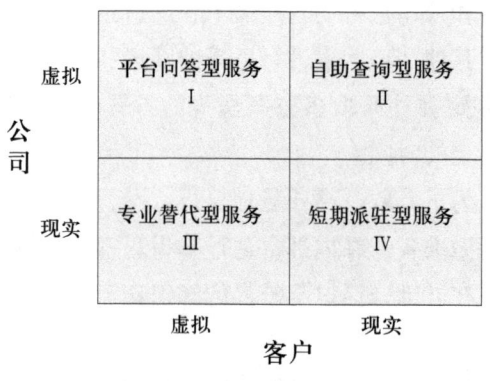

图 5.4　服务互动分析图

5.3.3　价值共赢（目标）

知识服务的过程就是价值共创的过程（周文辉，2015）。研究发现，公司在为客户提供知识服务的过程中，存在四个共赢：一是公司在处理客户各类事务和问题的过程中，为更好地满足客户需求，通过相关技能的学习和相关知识的储备，提高了知识存量，增长了实践能力（过程经验积累）；二是公司和客户都在知识服务活动完成后满足了自身需求（需求得以满足）；三是随着客户和企业管理能力、创新能力的提高，双方的经营效益都得以提升（经营绩效提升）；四是客户通过知识服务的帮助和自身经验的不断丰富，产品市场规模增大，品牌价值不断提升，而公司也获得了客户的口碑，品牌价值得到了提升，有助于签约更多的客户（品牌价值升华）。在价值共赢阶段，公司与客户在知识服务项目完成后，还应该特别注意自身的知识管理和相互的复盘交流，做好案例和经验的管理，进行知识分享和共享，从而更好地实现价值共赢。

5.3.4　价值共创视域下的知识服务模型

本书通过对 PPG（天津）智能科技有限公司为 39 家客户提供知识服务的案例进行研究，分析了公司各类一手和二手材料，对材料进行编码和不断对比，并通过社会网络分析法挖掘公司和客户之间的关系，对之前编码得到的范畴有了更深刻的认识，构建了各主范畴之间的逻辑关系和价值共创视域下的知识服务路径，同时结合客户和服务模式的关系聚类模型，构建了价值共创视域下的知识服务模型，如图 5.5 所示。

本研究发现，在价值共创视域下，科技型中小企业对客户的知识服务过程存在三个阶段，即服务起始阶段（共识）、服务实施阶段（服务）和服务完成阶段（共赢），三个阶段分别对应知识服务模型的“双向识别—共同参与—价值共赢”。双向识别是公司与客户形成价值共识的阶段，是知识服务的前提；共同参与是公司与客户在价值共创视域下开展知识服务的必要条件；价值共赢是知识服务的最后一个阶段，公司和客户实现双赢是开展知识服务的目标。

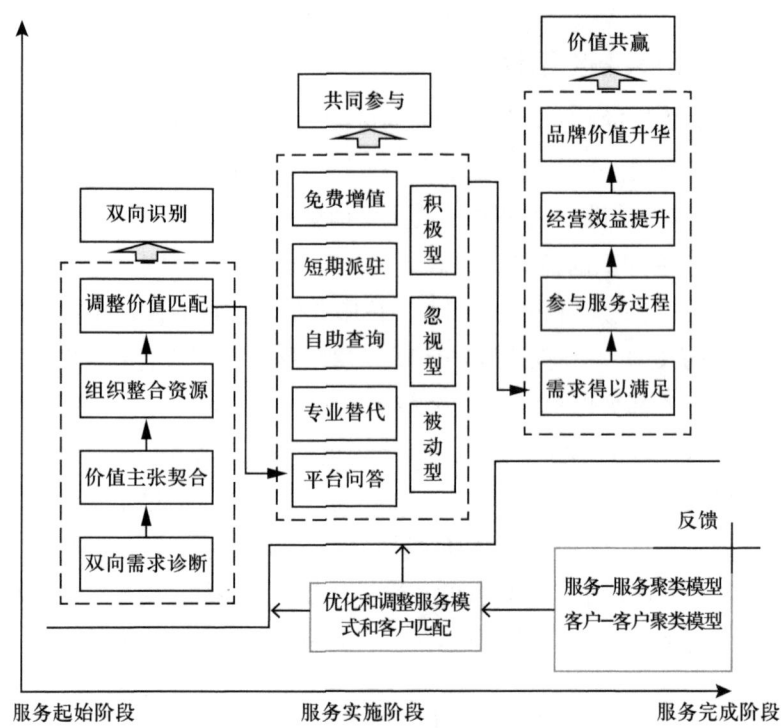

图 5.5　科技型中小企业知识服务价值共创模型

　　模型展示的整个知识服务过程环环相扣，每个阶段不断升华。在项目完成后，公司通过对项目数据资料的分析和复盘，可以建立服务－服务聚类模型和客户－客户聚类模型，从而更加清晰地了解自身知识服务的现状和客户之间的潜在联系，并反馈结果来优化和调整服务模式，使服务精准匹配客户，达到不断优化服务模式和持续降低服务成本的目的。

第6章 >>>>>

科技型中小企业知识服务实证研究

本研究对科技型中小企业——PPG（天津）智能科技有限公司进行访谈并收集数据，通过扎根理论的三级编码过程，依据选择性编码得到"故事线"，具体如下。

（1）科技型中小企业与其知识服务的客户共同进行双方需求的诊断（双向需求诊断）和识别，并进行服务方案设计，使企业的价值主张与客户的价值需求相契合（价值主张契合）。

（2）将诊断后契合的方案作为服务互动的标准，整合内外部资源（组织整合资源），权衡成本和回报（调整价值匹配），制定行动策略。

（3）通过多种服务模式与客户互动（互动服务实现），实现价值主张，满足客户需求。

（4）科技型中小企业与客户通过服务互动，实现价值共生共赢（价值共生共赢）。

所以，该案例的核心范畴为：在价值契合的前提下，科技型中小企业通过与客户知识服务互动的价值共创过程，实现双方价值共赢。为了验证模型的普遍性，本研究在与相关文献比较的基础上，建立如图6.1所示的模型。

由访谈得知，科技型中小企业开展知识服务的前提是双向识别，而双向识别主要由四部分组成，即图6.1所示的双向需求诊断、价值主张契合、组织整合资源、调整价值匹配。另外，知识服务的条件为互动服务实现，知识服务的目标为价值共生共赢。因此，本研究提出如下假设。

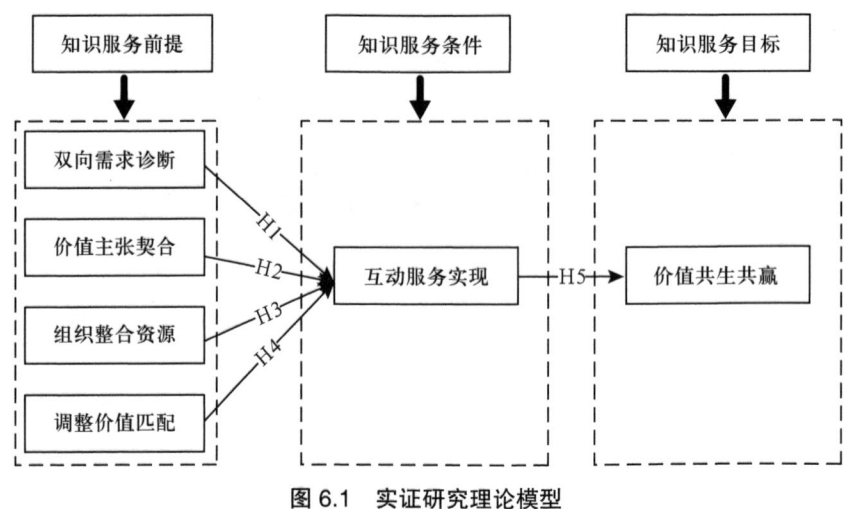

图6.1　实证研究理论模型

H1：双向需求诊断正向影响互动服务实现。

H2：价值主张契合正向影响互动服务实现。

H3：组织整合资源正向影响互动服务实现。

H4：调整价值匹配正向影响互动服务实现。

H5：互动服务实现正向影响价值共生共赢。

由于本模型是通过对数据进行质性分析构建的，因此，需要对模型中的各变量进行测度，即首先进行测量量表的开发，再进行假设关系的检验。

6.1　知识服务量表（KSSTSC）开发

6.1.1　量表的预测试与分析

为验证量表的有效性，本研究按照测项发展、样本选择、数据收集、测项纯化、探索性因子分析、因子命名等顺序进行量表开发与确定（石贵成等，2005）。

（1）测项发展。本研究通过以下三个步骤获取问项：①根据质性研究的理论模型获取问项；②就这些问项与相关专家进行探讨，补充完善；③为保证问项的准确性，与受访公司进行确认。

通过上述步骤，初步整理出调查问卷，设计维度为六个方面，即双向需求诊断、价值主张契合、组织整合资源、调整价值匹配、互动服务实现和价值共生共赢，测量问卷包括 45 个问项，且 45 个问项全部为自行编制。构成量表设计为李克特 7 级量表，如果被访问者对量表中的某个问项表示"非常不同意"，则选择数字 1，如果"非常同意"则选择数字 7，数字 2—6 分别代表"不同意""比较不同意""一般""比较同意""同意"。

（2）样本选择和数据收集。正式测试选择科技型中小企业，具体特征如下：从公司规模看，公司规模小于 50 人的有 19 家，占 20.4%；51~100 人的有 41 家，占 44.1%；101~200 人的有 20 家，占 21.5%；200 人以上的有 13 家，占 14.0%。从公司销售额看，公司年销售额小于等于 300 万元的有 28 家，占 30.1%；300 万 ~500 万元（不含 500 万元）的有 32 家，占 34.4%；500 万 ~1000 万元的有 15 家，占 16.1%；大于等于 1000 万元的有 18 家，占 19.4%。从公司所在地看，公司所在地分布在全国 27 个地区，其中分布数量排名前四位的是天津市（占 36.6%）、河北省（占 7.5%）、辽宁省（占 5.4%）和山西省（占 5.4%），具体如表 6.1 所示。参照白凯等（2012）的做法，对调查问卷采用混合受试物研究法，将量表开发初期的问项顺序打乱，尽量使受访者不被问卷设计者诱导和影响。本研究通过网络问卷星发放问卷，回收 96 份，有效问卷为 93 份，有效率为 96.88%。

表 6.1 公司所在地及所占比例

公司所在地	频率	百分比（%）	公司所在地	频率	百分比（%）
安徽	2	2.2	湖南	2	2.2
澳门	1	1.1	吉林	2	2.2
北京	3	3.2	江苏	1	1.1
福建	1	1.1	江西	3	3.2
甘肃	1	1.1	辽宁	5	5.4
广东	3	3.2	内蒙古	2	2.2

续表

公司所在地	频率	百分比（%）	公司所在地	频率	百分比（%）
广西	2	2.2	宁夏	1	1.1
贵州	1	1.1	山东	3	3.2
河北	7	7.5	山西	5	5.4
河南	1	1.1	陕西	1	1.1
黑龙江	3	3.2	上海	3	3.2
湖北	1	1.1	四川	2	2.2
浙江	2	2.2	天津	34	36.6
重庆	1	1.1			

（3）测项纯化、探索性因子分析与因子命名。

①测项纯化。测项纯化的标准是：测项与总体的相关系数小于0.4且删除项目后Cronbach's α值会增加者删除；旋转后因子载荷值小于0.4或者同时在两个因子上的载荷值都大于0.4者删除；如果一个测项同时在因子A与B上的载荷值都高于临界点，则应考虑删除，但如果删除该测项后，因子A和B又合并了，则该测项不删除（白凯等，2012）。

②探索性因子分析。由于本研究中的理论模型是由6个变量构建的，因此在进行探索性因子分析时，通过主成分分析对原始的45个测项采取提取固定因子数为6个的操作方法，并采用最大方差法对数据提取若干主成分。

分析结果显示，用于检验变量之间偏相关的KMO度量值为0.911（>0.5），说明样本充足度高，根据统计学家Kasier等给出的标准，数据适合做因子分析；Bartlett球形检验的近似卡方值为4266.125，自由度为990，给出的相伴概率为0.000，小于显著性水平0.05，说明本问卷及其各因子组成项目的构建效度较好。由分析结果可以看出，累计解释了72.802%的方差。根据上述3个测项提纯的标准，同时剔除在语义上存在重复的测项，45个测项最后删除了25个，剩下的20个测项构成了一个用于分析的量表，如表6.2所示。

表 6.2　探索性因子分析结果及因子命名

测量项目	新提取因子（维度）					
	双向需求诊断	价值主张契合	组织整合资源	调整价值匹配	互动服务实现	价值共生共赢
企业在确定方案前，会对客户进行评估	**0.779**	0.137	0.134	0.164	0.236	0.224
企业应接受客户的合理建议以满足客户的要求	**0.777**	0.324	0.110	0.146	−0.109	0.136
客户应当严格履行诚信义务，真实、详尽、及时地向企业律师叙述案情	**0.771**	0.202	0.043	0.249	0.279	0.143
服务方案确定前，企业需要对客户的需求进行逐项确认	**0.770**	0.127	0.113	0.227	0.271	0.206
企业应将客户所提供的资料（包括所有下载或拷贝）返还给客户或自行销毁	0.252	**0.802**	0.016	0.171	0.195	0.227
企业会根据成本核算，在服务合同讨论中调整服务盈利模式	0.139	**0.721**	0.244	0.203	0.173	0.074
公司与客户可以共同享有知识服务过程中产生的所有成果（咨询文件、知识、案例等）	0.539	**0.529**	0.112	0.033	0.079	0.218
企业在本合同下生成的一切服务成果，包括交易方案、合同文本、法律意见书、调查报告、备忘录等法律文件，客户均可以予以合理的使用	0.196	**0.514**	0.054	0.371	0.367	0.293
公司业务人员会向客户索要当前的相关业务资料，进行资料的整理	−0.021	0.002	**0.620**	0.121	0.069	0.116
公司会索取客户以往的业务数据资料或者典型案例材料	0.314	0.119	**0.580**	0.196	0.391	0.040
企业会根据自身需求，调整方案细节	0.076	0.265	**0.569**	0.024	0.158	0.531

续表

测量项目	新提取因子（维度）					
	双向需求诊断	价值主张契合	组织整合资源	调整价值匹配	互动服务实现	价值共生共赢
公司业务人员在知识服务过程中产生的差旅等费用，由客户承担	0.233	0.238	0.370	**0.819**	−0.025	−0.171
公司会评估服务合同中未约定但可能增加的成本支出	0.204	0.229	0.317	**0.569**	0.310	0.085
为了服务效果，客户同意服务费用采用"固定服务费用＋收益分成"的模式	0.120	0.059	0.127	**0.529**	0.075	0.238
需要双方协调的工作事项，由双方通过网络、电话等通信方式进行交流沟通	0.280	0.215	0.194	0.271	**0.666**	−0.116
公司在与客户就项目各项费用的归属达成一致前不会开展服务	0.358	0.315	0.259	0.301	**0.595**	0.247
企业在制订服务计划时，会根据客户的需求改变或调整原有公司业务模式	0.155	0.280	0.289	0.378	**0.512**	0.192
知识服务完成后，客户的经营绩效可以得到提升	0.394	0.282	0.304	−0.017	0.225	**0.728**
客户需要参与到全过程的知识服务业务中	0.355	0.196	0.093	0.130	−0.031	**0.727**
知识服务完成后，客户在行业内的专业性可以得到提升	0.279	0.334	0.104	0.216	0.304	**0.599**
量表总体信度（Cronbach's α）	0.938					
KMO值（Kaiser–Meyer–Olkin measure of sampling adequacy）	0.882					
累计方差解释率（Cumulative total variance explained）	77.597%					
巴特勒球形检验（Bartlett's test of sphericity）Approx. Chi–square	1281.111					
df	190					
Sig.	0.000					

数据显示，20 个测项的 KMO 值为 0.882，Bartlett 球形检验的近似卡方值为 1281.111，自由度为 190，给出的相伴概率为 0.000，小于显著性水平 0.05，表明这些数据适合做因子分析。通过采取提取固定因子数为 6 个的操作方法，可以看出，前 6 个因子的累计方差解释了 77.597% 的信息（见表 6.3），已经超过 60% 的提取界限（白凯等，2012），说明提取 6 个因子可以接受。总体信度值（Cronbach's α）为 0.938，说明数据整体结果较好。另外，从因子载荷率来看，每个测项的因子载荷率都高于 0.5，表明整体因子提纯效果良好。

表 6.3　总方差解释量

成分	初始特征值			提取载荷平方和			旋转载荷平方和		
	总计	方差百分比（%）	累计（%）	总计	方差百分比（%）	累计（%）	总计	方差百分比（%）	累计（%）
1	9.528	47.638	47.638	9.528	47.638	47.638	3.895	19.473	19.473
2	1.839	9.195	56.832	1.839	9.195	56.832	2.862	14.309	33.782
3	1.272	6.360	63.192	1.272	6.360	63.192	2.595	12.975	46.758
4	1.156	5.778	68.970	1.156	5.778	68.970	2.585	12.927	59.685
5	0.949	4.744	73.714	0.949	4.744	73.714	1.836	9.179	68.864
6	0.777	3.883	77.597	0.777	3.883	77.597	1.747	8.733	77.597
7	0.686	3.432	81.029						
8	0.545	2.726	83.755						
9	0.483	2.417	86.171						
10	0.447	2.235	88.406						
11	0.411	2.056	90.462						
12	0.315	1.576	92.038						
13	0.295	1.474	93.512						
14	0.280	1.402	94.914						
15	0.257	1.284	96.197						
16	0.218	1.088	97.285						
17	0.204	1.019	98.304						

续表

成分	初始特征值			提取载荷平方和			旋转载荷平方和		
	总计	方差百分比（%）	累计（%）	总计	方差百分比（%）	累计（%）	总计	方差百分比（%）	累计（%）
18	0.133	0.663	98.968						
19	0.116	0.580	99.548						
20	0.090	0.452	100.000						

③因子命名。从探索性因子分析结果来看，第1个因子下属的测项包括"企业在确定方案前，会对客户进行评估""企业应接受客户的合理建议以满足客户的要求""客户应当严格履行诚信义务，真实、详尽、及时地向企业律师叙述案情""服务方案确定前，企业需要对客户的需求进行逐项确认"，可归纳为"双向需求诊断"。

第2个因子下属的测项包括"企业应将客户所提供的资料（包括所有下载或拷贝）返还给客户或自行销毁""企业会根据成本核算，在服务合同讨论中调整服务盈利模式""公司与客户可以共同享有知识服务过程中产生的所有成果（咨询文件、知识、案例等）""企业在本合同下生成的一切服务成果，包括交易方案、合同文本、法律意见书、调查报告、备忘录等法律文件，客户均可以予以合理的使用"，可归纳为"价值主张契合"。

第3个因子下属的测项包括"公司业务人员会向客户索要当前的相关业务资料，进行资料的整理""公司会索取客户以往的业务数据资料或者典型案例材料""企业会根据自身需求，调整方案细节"，可归纳为"组织整合资源"。

第4个因子下属的测项包括"公司业务人员在知识服务过程中产生的差旅等费用，由客户承担""公司会评估服务合同中未约定但可能增加的成本支出""为了服务效果，客户同意服务费用采用'固定服务费用+收益分成'的模式"，可归纳为"调整价值匹配"。

第 5 个因子下属的测项包括"需要双方协调的工作事项，由双方通过网络、电话等通信方式进行交流沟通""公司在与客户就项目各项费用的归属达成一致前不会开展服务""企业在制订服务计划时，会根据客户的需求改变或调整原有公司业务模式"，可归纳为"互动服务实现"。

第 6 个因子下属的测项包括"知识服务完成后，客户的经营绩效可以得到提升""客户需要参与到全过程的知识服务业务中""知识服务完成后，客户在行业内的专业性可以得到提升"，可归纳为"价值共生共赢"。

6.1.2 量表正式验证与确定

（1）样本选取与数据收集。为检验 KSSTSC 的实用性和通用性，本研究继续选取科技型中小企业进行大规模的问卷调研。2020 年 5 月，在线收集问卷 313 份，有效问卷 285 份，问卷有效率为 91.1%。本研究六个维度的问项为 20 道题，有效样本数为 285 份，满足样本量至少为测量题项 5 倍的要求（Nunnally 等，1994）。

本次参与调研的 285 家企业的具体统计信息如下。

从公司规模看，公司规模小于 50 人的有 70 家，占 24.6%；51~100 人的有 80 家，占 28.1%；101~200 人的有 68 家，占 23.9%；200 人以上的有 67 家，占 23.5%。

从公司销售额看，公司年销售额小于等于 300 万元的有 87 家，占 30.5%；300 万~500 万元（含 500 万元）的有 66 家，占 23.2%；500 万~1000 万元（含 1000 万元）的有 54 家，占 18.9%；大于 1000 万元的有 78 家，占 27.4%。

从公司所在地看，公司所在地分布在全国 30 个地区，其中分布数量排名前三位的分别是天津市（39 家企业，占 13.9%）、辽宁省（20 家企业，占 7%）、河北省（15 家企业，占 5.3%），表明调研公司分布较广泛且比较均衡，具体如图 6.2 所示。

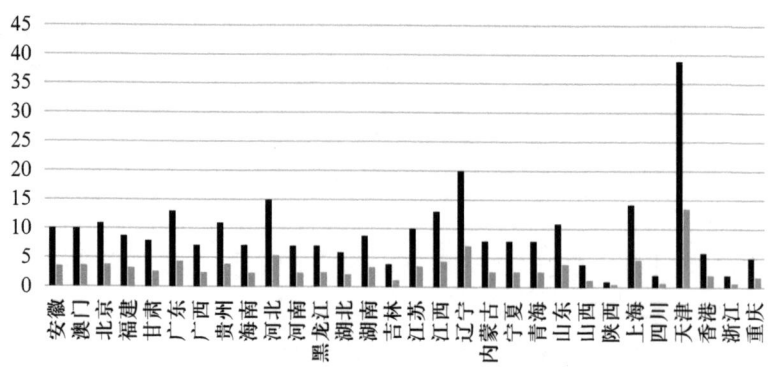

■样本个数　■百分比（%）

图6.2　调研公司所在地分布图

公司主营业务主要集中在服务业、建筑业、教育业、零售业、制造业、住宿餐饮业、文体娱乐业等行业，具体如图6.3所示。

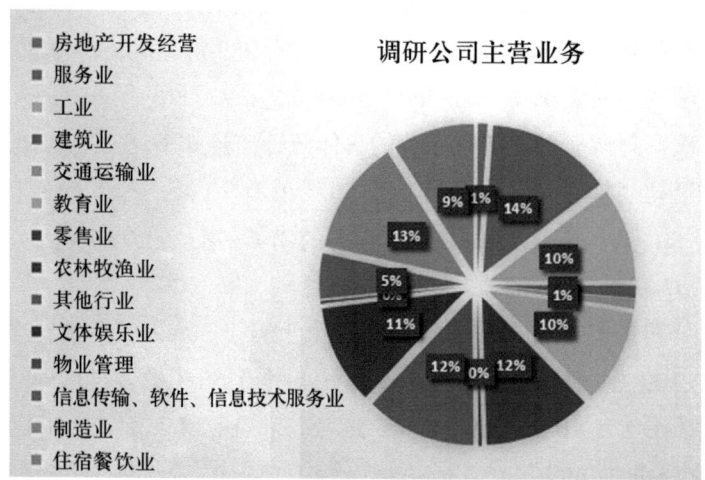

图6.3　调研公司主营业务分布图

（2）信度分析。本研究共收集到285份问卷，为验证285份数据能否真实反映调查意图，即问卷是否具有可靠性，首先需要进行信度检验。本研究运用SPSS 21.0进行量表的信度检验。按照通用标准，常用Cronbach's α 系数的大小来衡量调查问卷的信度。如果 Cronbach's α 系数在0.9以上，表明该问卷的可靠性较好；Cronbach's α 系数在0.8~0.9是可以接受的；如果 Cronbach's α 系数在0.7以下，就应该对问卷进行修订。

具体检验结果如下：双向需求诊断的 Cronbach's α 系数为 0.897，价值主张契合的 Cronbach's α 系数为 0.863，组织整合资源的 Cronbach's α 系数为 0.867，调整价值匹配的 Cronbach's α 系数为 0.840，互动服务实现的 Cronbach's α 系数为 0.830，价值共生共赢的 Cronbach's α 系数为 0.890。由结果可知，双向需求诊断、价值主张契合、组织整合资源、调整价值匹配、互动服务实现、价值共生共赢 6 个维度的信度系数均大于 0.7，说明这 6 个维度通过了信度检验。

（3）因子结构分析。本研究运用 Amos 24.0 进行量表的因子结构验证。由于本研究通过探索性因子分析将量表划分为双向需求诊断、价值主张契合、组织整合资源、调整价值匹配、互动服务实现、价值共生共赢 6 个因子，为进一步验证六因子模型的正确性，本研究需要通过模型比较来验证因子结构。

本研究量表中的 6 个因子属于知识服务前提、知识服务条件和知识服务目标 3 个层次。因此，根据李海等（2010）的做法，总共比较了 11 个备择模型。

1 是单因子模型，即假设所有的测量项目负载到同一个因子上。

2 是三因子模型，即假设科技型中小企业的知识服务前提、条件和目标 3 个层次分别只有一个因子。

3—6 是四因子模型，即分别假设科技型中小企业的知识服务前提有两个因子，条件和目标各有一个因子。

7—11 是五因子模型，即分别假设科技型中小企业的知识服务前提有三个因子，条件和目标各有一个因子。

通过 CFA 检验科技型中小企业知识服务量表（KSSTSC）的因子结构，结果如表 6.4 所示。

由表 6.4 可知，上述六因子模型的各项指标（χ^2=446.829，df=150，χ^2/df=2.979，RMSEA=0.083，CFI=0.939，TLI=0.923，SRMR=0.0353）中除了 RMSEA 稍微超出标准之外，其他指标均在可接受或较好的范围之内，是拟合最好的。CFA 结果表明，科技型中小企业知识服务的六因子结构得到了支持。

表 6.4 科技型中小企业知识服务量表因子结构的确立（CFA 结果）

拟合度指标	单因子模型	三因子模型	四因子模型 1	四因子模型 2	四因子模型 3	四因子模型 4	五因子模型 1	五因子模型 2	五因子模型 3	五因子模型 4	五因子模型 5	六因子模型
χ^2	748.909	680.545	551.456	652.438	666.767	662.203	521.111	532.694	534.229	642.723	615.776	446.829
df	170	167	164	164	164	164	160	160	160	160	160	150
χ^2/df	4.405	4.075	3.363	3.978	4.066	4.038	3.257	3.329	3.339	4.017	3.849	2.979
RMSEA	0.110	0.104	0.091	0.102	0.104	0.103	0.089	0.091	0.091	0.103	0.100	0.083
CFI	0.881	0.894	0.920	0.900	0.897	0.898	0.926	0.923	0.923	0.901	0.906	0.939
TLI	0.867	0.880	0.908	0.884	0.880	0.881	0.912	0.909	0.909	0.882	0.889	0.923
SRMR	0.0473	0.0459	0.0407	0.0451	0.0456	0.0455	0.0396	0.0400	0.0405	0.0452	0.0451	0.0353

（4）模型拟合度。对所收集的285份有效问卷按照6个因子建立因子测量模型图（见图6.4）。模型匹配指标值如下：CMIN/DF 为 2.979（标准为小于3），RMR 为 0.040（标准为小于0.05），RMSEA 为 0.083（标准为小于0.08），GFI 为 0.870（标准为大于0.9），AGIF 为 0.818（标准为大于0.8），NFI 为 0.912（标准为大于0.9），TLI 为 0.923（标准为大于0.9），CFI 为 0.939（标准为大于0.9）。上述指标除 RMSEA 和 GFI 指标差一些外，其余均达到要求，表明该模型与量表的匹配情况较好，该测量模型成立。

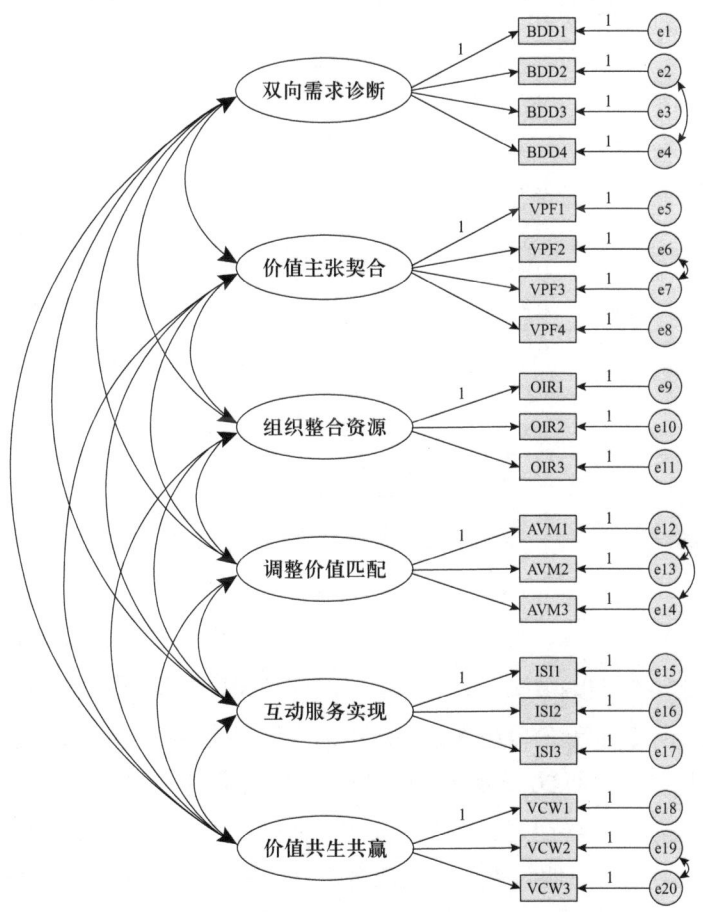

图6.4 科技型中小企业知识服务的因子测量模型图

（5）收敛效度检验。判断收敛效度的指标主要为平均方差抽取量（AVE），AVE 越大，说明测量指标的共同性越强，越能反映同一类问题。其具体检验结果如表6.5所示。

表 6.5 收敛效度的分析结果

因子	题项	因素负荷量	信度系数	测量误差	组合信度（C.R）	平均方差抽取量（AVE）
双向需求诊断（BBD）	BDD1	0.839	0.704	0.296	0.892	0.674
	BDD2	0.849	0.721	0.279		
	BDD3	0.792	0.627	0.373		
	BDD4	0.802	0.643	0.357		
价值主张契合（VPF）	VPF1	0.817	0.667	0.333	0.859	0.604
	VPF2	0.767	0.588	0.412		
	VPF3	0.734	0.539	0.461		
	VPF4	0.789	0.623	0.377		
组织整合资源（OIR）	OIR1	0.810	0.656	0.344	0.868	0.688
	OIR2	0.826	0.682	0.318		
	OIR3	0.851	0.724	0.276		
调整价值匹配（AVM）	AVM1	0.840	0.706	0.294	0.847	0.648
	AVM2	0.830	0.689	0.311		
	AVM3	0.742	0.551	0.449		
互动服务实现（ISI）	ISI1	0.777	0.604	0.396	0.836	0.630
	ISI2	0.849	0.721	0.279		
	ISI3	0.752	0.566	0.434		
价值共生共赢（VCM）	VCW1	0.864	0.746	0.254	0.873	0.697
	VCW2	0.805	0.648	0.352		
	VCW3	0.835	0.697	0.303		

从表 6.5 可以得出，量表中 20 个题项的因素负荷量全部在 0.50~0.95 之间，因素负荷量的值越大，表示指标变量越能有效地反映其要测量的维度，即量表中的 20 个题项均可以比较好地反映其所在的维度。

组合信度为各个因子内在质量的判别标准之一，若因子的组合信度值在 0.6 以上，表明量表的内在质量较好。科技型中小企业知识服务量表的组合信度均大于 0.6，由此可知量表的内在质量非常好。

量表平均方差抽取量的值在 0.5 以上，由此可知量表的收敛效度较好，更进一步说明量表的内部质量非常好。综合以上分析可知，科技型中小企业知识服务量表具有很好的信度和效度。

6.2 科技型中小企业知识服务现状分析及假设验证

6.2.1　科技型中小企业知识服务现状分析

为研究双向需求诊断、价值主张契合、组织整合资源、调整价值匹配、互动服务实现、价值共生共赢 6 个维度的现状，采用单样本 T 检验的方法进行检测。其中，李克特 7 点计分中，4 分表示中立状态，显著低于 4 分意味着否定态度，显著高于 4 分则意味着肯定态度，因此，将 4 分作为评判标准，从而准确判断出科技型中小企业知识服务前提、条件和目标的现状。科技型中小企业知识服务的 6 个维度在进行单样本 T 检验之后，显著性 p 值都等于 0，均通过了显著性水平为 0.05 的显著性检验，且各项均值全部高于 4 分，如表 6.6 所示。

表 6.6　科技型中小企业知识服务现状分析表

单样本检验										
检验值 = 4										
变量	N	均值	标准差	均值的标准误	t 值	df	Sig.（双侧）	均值差值	差分的 95% 置信区间	
									下限	上限
双向需求诊断（BDD）	285	6.529	0.773	0.046	55.211	284	0	2.529	2.439	2.619
价值主张契合（VPF）	285	6.424	0.888	0.053	46.069	284	0	2.424	2.320	2.527
组织整合资源（OIR）	285	6.467	0.892	0.053	46.676	284	0	2.467	2.363	2.571
调整价值匹配（AVM）	285	6.380	0.988	0.059	40.658	284	0	2.380	2.265	2.495

续表

变量	N	均值	标准差	均值的标准误	t 值	df	Sig.（双侧）	均值差值	差分的95%置信区间	
									下限	上限
互动服务实现（ISI）	285	6.387	0.964	0.057	41.811	284	0	2.387	2.275	2.500
价值共生共赢（VCM）	285	6.490	0.815	0.048	51.560	284	0	2.490	2.395	2.585

具体分析如下：

（1）科技型中小企业知识服务前提现状分析。科技型中小企业知识服务前提为双向需求诊断、价值主张契合、组织整合资源、调整价值匹配。这4个维度在进行单样本T检验之后，显著性p值都等于0，均通过了显著性水平为0.05的显著性检验，且各项均值分别为6.529、6.424、6.467和6.380，全部高于4分，说明参与调研的科技型中小企业均具有较好的知识服务前提。

（2）科技型中小企业知识服务条件现状分析。科技型中小企业知识服务条件为互动服务实现。该维度进行单样本T检验之后，显著性p值等于0，通过了显著性水平为0.05的显著性检验，且均值为6.387，高于4分，说明参与调研的科技型中小企业的知识服务互动意愿较强。

（3）科技型中小企业知识服务目标现状分析。科技型中小企业知识服务目标为价值共生共赢。此维度进行单样本T检验之后，显著性p值都等于0，通过了显著性水平为0.05的显著性检验，且均值为6.490，高于4分，说明参与调研的科技型中小企业的知识服务目标明确。

6.2.2 科技型中小企业知识服务假设验证

在信度和效度检验的基础上，本研究运用Amos 24.0软件对假设模型进行验证，采用极大似然估计法来计算模型的路径系数和各项拟

合指标。模型匹配指标值如下：CMIN/DF 为 2.936（标准为小于 3），
RMR 为 0.039（标准为小于 0.05），RMSEA 为 0.083（标准为小于 0.08），
GFI 为 0.871（标准为大于 0.9），AGIF 为 0.823（标准为大于 0.8），
NFI 为 0.911（标准为大于 0.9），TLI 为 0.924（标准为大于 0.9），CFI
为 0.939（标准为大于 0.9）。上述指标除 RMSEA 和 GFI 指标差一些外，
其余均达到要求，表明本研究模型的拟合度可以接受。本研究的假设
验证路径如图 6.5 所示。

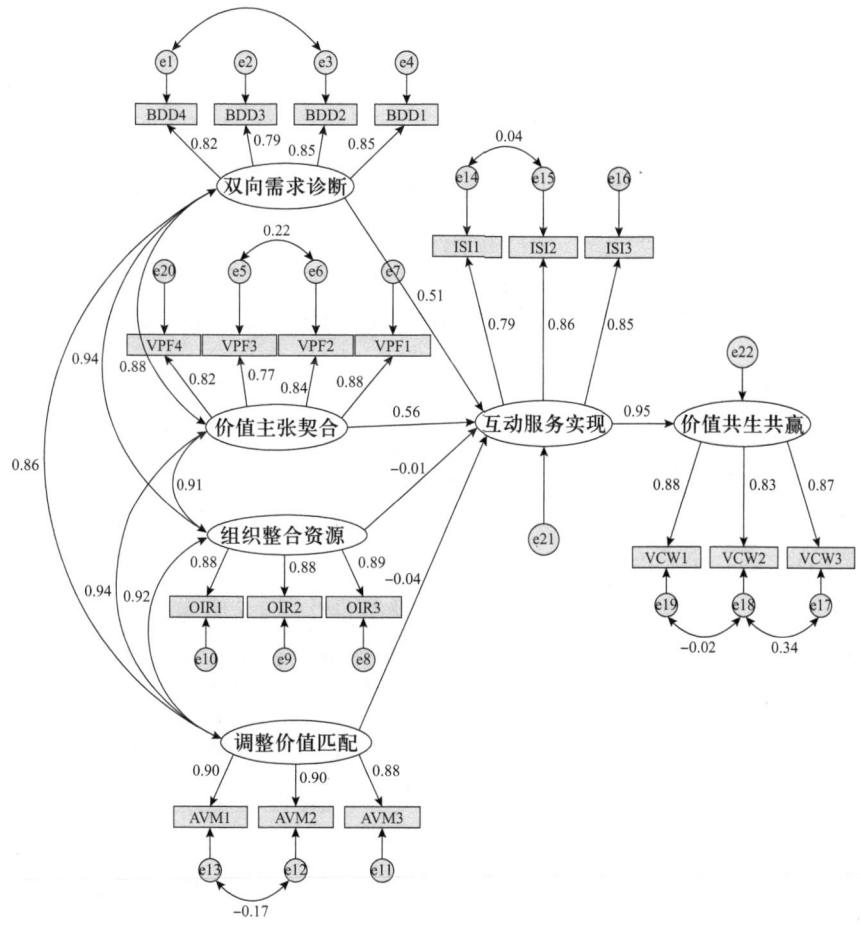

图 6.5   假设验证路径图

假设验证结果如表 6.7 所示。

表 6.7　假设验证结果

研究假设	路径关系	标准化路径系数	t 值	p 值	检验结果
H1	双向需求诊断 → 互动服务实现	0.51	3.295	***	接受
H2	价值主张契合 → 互动服务实现	0.56	3.402	***	接受
H3	组织整合资源 → 互动服务实现	−0.01	−0.031	0.975	拒绝
H4	调整价值匹配 → 互动服务实现	−0.04	−0.249	0.803	拒绝
H5	互动服务实现 → 价值共生共赢	0.95	15.083	***	接受

注：* 代表 $p<0.05$，** 代表 $p<0.01$，*** 代表 $p<0.001$。

上述结果表明，H3 和 H4 没有通过显著性检验，H1、H2 和 H5 获得了实证数据的支持。

具体来说，对于 H1，双向需求诊断影响互动服务实现的标准化路径系数为 0.51，$p<0.001$ 即小于 0.05 的显著性水平，即该正向关系显著。除判断 p 值外，还需要误差变异达到显著性水平，即要求 t 值大于 1.96，而该路径的 t 值为 3.295，因此，H1 成立。这说明科技型中小企业知识服务前提即双向需求诊断对知识服务条件即互动服务实现具有显著的正向影响。

H2 说明价值主张契合对互动服务实现的影响，分析结果表明价值主张契合显著正向影响互动服务实现（标准化路径系数为 0.56，t 值为 3.402，$p<0.001$），H2 得到证实。

H3 的 p 值为 0.975，大于 0.05 的显著性水平，t 值为 −0.031，小于 1.96，因此，H3 不成立，说明组织整合资源对互动服务实现没有显著影响。

H4 的 p 值为 0.803，大于 0.05 的显著性水平，t 值为 −0.249，小于 1.96，因此，H4 不成立，说明调整价值匹配对互动服务实现没有显著影响。

H5 说明互动服务实现对价值共生共赢的影响，分析结果表明互动服务实现显著正向影响价值共生共赢（标准化路径系数为 0.95，t 值为 15.083，$p<0.001$），H5 得到证实，这说明科技型中小企业在进行知识服

务时，越通过互动服务实现这个条件，越对知识服务的目标即价值共生共赢产生显著正向影响。

6.2.3　竞争模型与原始概念模型嵌套比较

由于上述 H3 和 H4 没有得到显著性验证，因此，为客观选择最终模型，借鉴张翠娟等（2019）的做法，将竞争模型与原始概念模型进行嵌套比较，即将 H3 和 H4 的路径系数设定为 0，利用 Excel 中的 CHIDIST 函数，检验竞争模型和原始概念模型相互比较之后的 p 值。通过 Amos 软件进行分析的结果显示：竞争模型的卡方值为 369.471，自由度为 155；原始概念模型的卡方值为 369.394，自由度为 153。竞争模型和原始概念模型两者的卡方差为 0.077，自由度差为 2。在 Excel 中通过 CHIDIST 函数计算出 p 值为 0.962，不显著。依据吴明隆的《结构方程模型》一书中关于嵌套模型比较的内容，可以得出原始概念模型为最终模型。

6.3　实证研究讨论

H1、H2、H3、H4 为科技型中小企业知识服务前提对条件的影响假设，即双向需求诊断、价值主张契合、组织整合资源、调整价值匹配对互动服务实现的影响假设。通过这 4 个前提的现状分析可以看出，4 个前提的得分都高于 4 分，说明调查对象在这些方面具有较高的参与意愿，但 4 个前提对知识服务条件即互动服务实现的影响却不一样。

结构方程假设检验表明：双向需求诊断、价值主张契合对互动服务实现具有显著正向影响，说明调查对象因为双向需求诊断和价值主张契合，更愿意进行互动服务以实现知识服务目标。组织整合资源和调整价值匹配这两个前提虽然在现状分析中得分很高，但是对互动服务实现没有显著影响，其原因可能在于调查对象虽然具有组织整合资源和调整价值匹配这两个方面的前提，但是在匹配互动服务实现这个条件时，在整合资源或调整价值上不够深入，不能满足知识服务条件。通过分析可以看出，组织整合资源和调整价值匹配的贡献率（相关系数的绝对值）比较低，造成了组织整合资源和调整价值匹配对互动服务实现这个知识服务条件不显著。

H5 说明科技型中小企业知识服务条件对知识服务目标的影响。从结构方程分析结果中可以看出，互动服务实现正向显著影响知识服务目标即价值共生共赢的实现。因此，科技型中小企业在进行知识服务时，一定要通过知识服务条件的创建来达到知识服务目标。

第7章 >>>>>>

科技型中小企业知识服务政策分析

◁7.1 知识服务政策总体战略▷

《国家中长期人才发展规划纲要（2010—2020年）》中指出："完善分配、激励、保障制度，建立健全与工作业绩紧密联系、充分体现人才价值、有利于激发人才活力和维护人才合法权益的激励保障机制。完善各类人才薪酬制度，加强对收入分配的宏观管理，逐步建立秩序规范、激发活力、注重公平、监管有力的工资制度。坚持精神激励和物质奖励相结合，健全以政府奖励为导向、用人单位和社会力量奖励为主体的人才奖励体系。完善以养老保险和医疗保险为重点的社会保障制度，形成国家、社会和单位相结合的人才保障体系。"

《天津市中长期人才发展规划（2010—2020年）》提出了保障机制，包括完善分配、激励、保障制度，建立健全与工作业绩紧密联系、充分体现人才价值、有利于激发人才活力和维护人才合法权益的激励保障机制。以此为指导，提出了区域科技型中小企业知识服务的目标和方向。

在物质奖励方面，完善区域政府奖励机制，加强科技型中小企业知识服务的激励体系建设，并且实施范围更为广泛、形式更为灵活、政策更为开放的科技型中小企业知识服务制度，既要大力引进海外高层次人才，更要发现、挖掘及培养本土创新创业人才。继续完善保险福利、子女教育、出入境管理、家属安置、个人税收等政策，出台鼓励知识人才的多种措施，让其担任重要职务、参与国家标准制定等，营造有利于本土不同层次创新创业人才、海外高层次创新创业人才发展的知识服务文化及激励环境。

要规范建设区域不同层次知识服务人才的海内外培训基地，既要为高层次知识服务人才提供海内外知识服务培训和教育，更要为中低层次知识服务人才积极提供海内外知识服务教育及培训，这样更有利于区域知识服务激励生态的形成和发展。鼓励和支持区域高等院校、科研机构与区域之外尤其是海外的知识服务教育机构及科研机构开展知识服务教育及培训交流，共同建设符合区域知识服务人才需求的培训及教育基地。

在精神激励方面，构建符合知识服务职业者、企事业单位人员、科技人员和管理人员特点的职业发展路径，对不同水平的科技型中小企业知识服务团队给予长期稳定且有效的支持和鼓励。通过各种方式和渠道，关注知识服务技能及知识服务培训和教育，提高知识服务教育及培训的质量，提高创新的转化率及创业的成功率。

通过培育知识服务市场、激励知识服务主体及客体、加强政策支持、健全知识服务教育及培训体系，积极鼓励和支持区域以及海内外的知识服务人才参与科技型中小企业知识服务，逐步把区域建设成为充满知识服务活力、富有知识服务人才黏性、具有国内外知识服务号召力的创新创业激励示范城市及中心。

确立以最大信心和耐力去支持和鼓励不同层次知识服务人才的价值观，使不同类型及层次的知识服务人才都可以获得满足其心理预期的待遇、福利及报酬，充分体现区域政府对于知识服务人才的渴望及需求，体现区域特色的人才价值观、知识价值观、知识服务价值观。

积极打造区域知识服务政策环境、知识服务机制环境、知识服务生态环境和知识服务人文环境，开展各类知识服务创优活动，大力动员全社会支持和关心区域知识服务人才部署，鼓励和发动全社会献言献策，发挥人民群众的智慧及社会智库的价值和力量，进一步营造尊重创新、尊重创业、尊重各类人才、尊重知识的区域知识服务激励文化和生态圈。

⟨7.2　政策可视化分析

　　本研究采用 ROST Analysis Tool 对《习近平总书记系列讲话》《国家中长期人才发展规划纲要（2010—2020 年）》《中共中央　国务院关于深化体制机制改革加快实施创新驱动发展战略的若干意见》《关于大力推进大众创业万众创新若干政策措施的意见》《关于发展众创空间推进大众创新创业的指导意见》《国务院关于新形势下加快知识产权强国建设的若干意见》《国务院办公厅关于深化高等学校创新创业教育改革的实施意见》《人力资源和社会保障事业发展"十三五"规划纲要》《专业技术人才队伍建设中长期规划（2010—2020 年）》《高技能人才队伍建设中长期规划（2010—2020 年）》《关于促进创业投资持续健康发展的若干意见》《教育部关于大力推进高等学校创新创业教育和大学生自主创业工作的意见》《天津市中长期人才发展规划（2010—2020 年）》《天津市贯彻落实〈国务院关于大力推进大众创业万众创新若干政策措施的意见〉任务分工》《天津市科学技术奖励办法》《天津市科学技术奖励办法实施细则》《天津市人民政府关于加快发展现代职业教育的意见》《天津市人民政府关于推进供给侧结构性改革加快建设全国先进制造研发基地的实施意见》《天津市服务贸易创新发展实施方案》《天津市人民政府关于实施百万技能人才培训福利计划的意见》《中共天津市委　天津市人民政府关于打造科技小巨人升级版的若干意见》《天津市"千企万人"支持计划》《天津市人民政府办公厅关于做好促进普通高等学校毕业生就业工作的意见》《天津市"职业培训包"项目开发实施方案》《关于进一步促进科技型中小企业发展的政策措施》《关于贯彻落实国家侨务工作发展纲要（2011—2015 年）的意见》《天津市引进人才"绿卡"管理暂行

办法》等政策进行社会网络与语义网络分析，过滤政策文件中的无意义词组，展现上述政策中知识服务激励措施的网络关系，如图7.1所示。

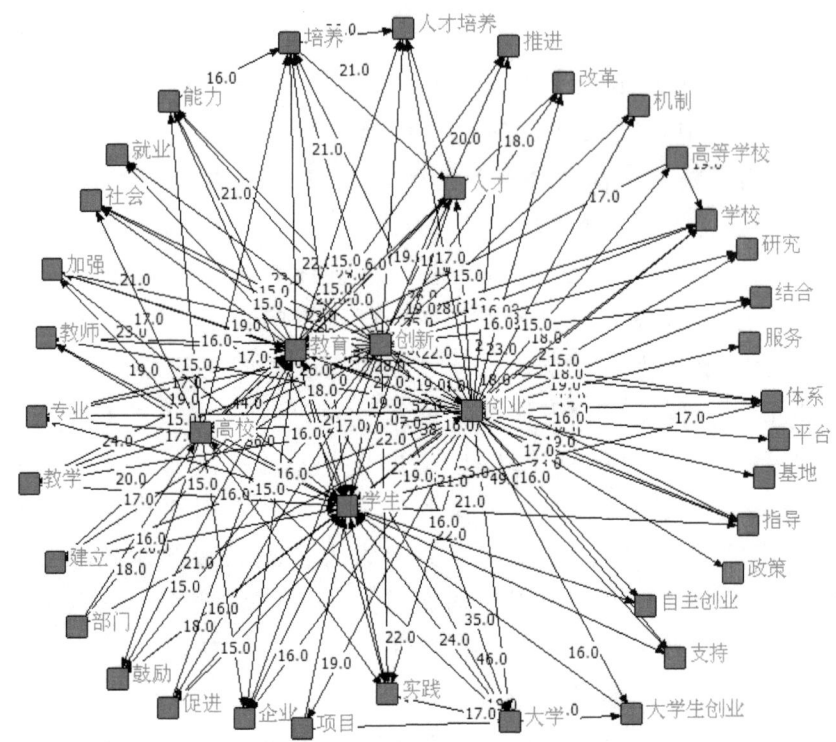

图 7.1　知识服务政策的社会网络及语义网络分析

从图7.1中可以发现，在知识服务激励政策中，主要涉及高校、创新、创业、教育、实践、人才培养、体系、政策、指导、鼓励等，较为具体地体现了目标激励、精神激励等知识服务激励的模式。

对上述关于知识服务激励的政策进行词频分析，结果如表7.1所示。可以发现，在知识服务激励中，高校、政府、行业及企业较为突出，正好符合三螺旋理论，即"大学–政府–企业"。在知识服务激励措施中，主要涉及知识服务者素质、保障、基金、环境、文化、模式等。

表 7.1　知识服务激励政策的词频分析

关键词	词频	权重	关键词	词频	权重	关键词	词频	权重
创业	502	4.3118	学习	16	1.9638	国际	9	1.596
创新	391	4.139	经验	16	1.9638	激发	9	1.596
教育	188	3.6333	大学	15	1.9218	优秀	9	1.596
学生	112	3.2768	精神	15	1.9218	实训	8	1.523
高校	109	3.2581	扶持	14	1.8771	企业家	8	1.523
教师	61	2.8607	合作	14	1.8771	政府	8	1.523
实践	58	2.8263	训练	13	1.8293	素质	8	1.523
培养	56	2.8024	行业	13	1.8293	产业	7	1.4414
教学	45	2.6538	育人	13	1.8293	支撑	7	1.4414
项目	44	2.6386	行政部门	11	1.7224	创造	7	1.4414
人才	38	2.5394	孵化	11	1.7224	保障	7	1.4414
建设	38	2.5394	战略	11	1.7224	学校	7	1.4414
专业	36	2.5029	组织	11	1.7224	机构	7	1.4414
基地	32	2.4236	宣传	10	1.6621	开发	7	1.4414
改革	31	2.4023	科技园	10	1.6621	教育部	7	1.4414
政策	30	2.3803	高等教育	10	1.6621	制度	7	1.4414
就业	26	2.2845	协同	10	1.6621	实验室	6	1.3488
培训	24	2.2312	大众	10	1.6621	新机制	6	1.3488
高等学校	22	2.1734	氛围	10	1.6621	教育课	6	1.3488
自主创业	20	2.1103	队伍	10	1.6621	基金	6	1.3488
课程	20	2.1103	开放	10	1.6621	科学	6	1.3488
引导	18	2.0409	成果	10	1.6621	特色	6	1.3488
资金	18	2.0409	协会	10	1.6621	环境	6	1.3488
知识	17	2.0035	转化	9	1.596	文化	6	1.3488
科研	16	1.9638	健全	9	1.596	模式	6	1.3488
科技	16	1.9638	创业人	9	1.596	责任	6	1.3488

本研究采用质性分析软件 Nvivo 11.0 对上述关于知识服务激励的政策进行词汇云分析，结果如图 7.2 所示。可以发现，在知识服务激励中，需要先拓展知识服务空间，形成开放的激励环境和文化，同时政府、高校和企业及产业进行深度协作和融合，以便进一步形成有效的知识服务氛围和机制。

图 7.2　知识服务激励政策的词汇云分析

7.3　激励因素分析

为了能够准确了解激励需求，本研究对知识服务激励需求、政策现状等进行了分析。调查中，将知识服务激励需求的具体内容分为 11 个大类。

　　11 个激励模式包括心智激励、物质激励、差别激励、信任激励、情感激励、表率激励、强化激励、公平激励、奖励激励、目标激励、荣誉激励。激励因素主要包括生活环境、学习环境、交流机遇、生活成本、社会保障、城市环境、工作环境、治安环境、教育环境、发展机遇、工资待遇、户籍政策、住房政策、配偶就业、城市福利、休闲娱乐、创新氛围、人才政策、产业环境、子女入学、生态环境、交通状况、物质奖励、名誉奖励、培训交流等。激励需求层次及具体措施如表 7.2 所示。

表 7.2　激励需求层次及具体措施

需求层次	具体措施
心智激励	提供条件和培训，进行智慧、智力的开发和提升，提供学习深造的机会，从而激发其心智和能力
物质激励	为知识服务人才教育提供奖励和物质保障，为其提供奖金及资助，降低生活成本
差别激励	针对受教育者的个性差异，进行有针对性的奖励和激励
信任激励	充分相信受教育者的能力和意志，给予充分的支持和鼓励
情感激励	采取沟通思想、排忧解难、慰问家访、交往娱乐、批评帮助、共同劳动、民主协商等方式
表率激励	树立典型及标杆，发挥其带头作用和价值，并提供奖励，如发展机遇、奖金
强化激励	采用正向激励和负向激励相结合的方式，对受教育者进行强化奖励，如物质奖励、名誉奖励以及培训交流
公平激励	在激励对象的收入分配、晋级、奖励、使用等方面，要力争做到公正合理
奖励激励	创造良好的奖励气氛，将物质奖励与精神奖励相结合
目标激励	设定适当、适度的激励目标，激发激励对象的需求和欲望，如职位、学位等激励
荣誉激励	满足人的自尊需要，激发激励对象的斗志和工作积极性，如政府、行业、企业及其他组织给予奖励、褒扬、证书

7.4 知识服务政策质性分析

下面针对上述收集的国家和天津市关于知识服务激励的政策进行质性研究。本研究以 Nvivo 11.0 为质性研究工具，将编码划分为两种：自由节点和树状节点。经过编码后，生成如图 7.3 所示的一级编码可视化图。

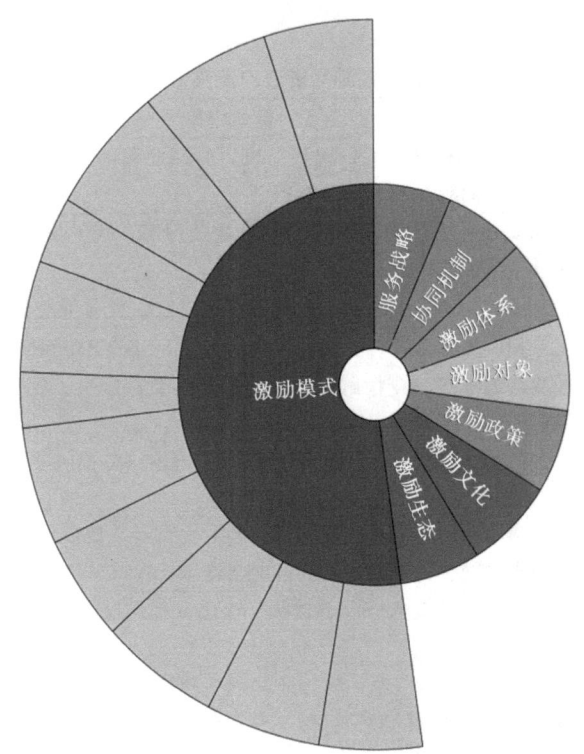

图 7.3 一级编码可视化图

图 7.3 中的内圆为一级编码节点，分别是激励模式、服务战略、协同机制、激励政策、激励体系、激励生态、激励对象、激励文化。

图 7.4 为二级编码可视化图，内圆为一级编码激励模式的二级编码，分别为心智激励、物质激励、差别激励、信任激励、情感激励、表率激励、强化激励、公平激励、奖励激励、目标激励、荣誉激励。

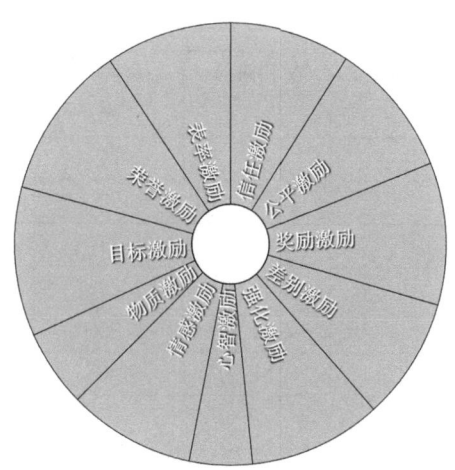

图 7.4　二级编码可视化图

从表 7.3 可以看出，共有一级编码 8 个，其中，激励模式共有二级编码 11 个。参考点表示自由节点提取时参考的资料数，从中可以发现，激励对象的参考点为 30，激励文化的参考点为 30。覆盖率百分比是指编码节点处占来源材料的百分比，是编码参考点与材料长度的比值。其中，激励对象的覆盖率百分比为 86.42%，公平激励的覆盖率百分比为 77.26%。

表 7.3　编码结构表

一级编码	二级编码	材料来源	参考点	覆盖率百分比（%）
激励模式	心智激励	1	10	22.94
	物质激励	1	12	49.69
	差别激励	1	19	45.12
	信任激励	1	19	61.58
	情感激励	1	20	60.79
	表率激励	1	20	38.09
	强化激励	1	21	60.91
	公平激励	1	21	77.26
	奖励激励	1	22	60.73
	目标激励	1	23	74.03
	荣誉激励	1	24	70.48

续表

一级编码	二级编码	材料来源	参考点	覆盖率百分比（%）
服务战略		1	26	76.13
协同机制		1	27	87.23
激励政策		1	27	86.22
激励体系		1	27	81.15
激励生态		1	27	82.92
激励对象		1	30	86.42
激励文化		1	30	82.99

通过 Nvivo 11.0 对树状节点进行矩阵分析，挖掘数据中潜在的结构性差异，如表7.4所示。将知识服务激励模式细化为心智激励、物质激励、差别激励、信任激励、情感激励、表率激励、强化激励、公平激励、奖励激励、目标激励、荣誉激励。可以发现，区域知识服务激励中有关目标激励的编码最多，如激励政策中关于目标激励的编码为22，激励体系中关于目标激励的编码为18，激励文化中关于目标激励的编码为20，其他以此类推。通过编码矩阵分析，可以发现目前采用比较多的激励模式为目标激励、荣誉激励及奖励激励。目前，心智激励采用较少，还有很大的提升空间。

表 7.4　编码矩阵分析

	服务战略	激励对象	激励生态	激励体系	激励文化	激励政策	协同机制
表率激励	15	13	15	14	14	17	17
差别激励	14	15	18	17	16	17	14
公平激励	17	20	17	16	18	21	19
奖励激励	13	18	20	18	20	19	18
目标激励	18	19	18	18	20	22	19
强化激励	17	16	18	15	16	15	19
情感激励	14	16	15	12	17	17	16
荣誉激励	17	19	19	19	21	21	20
物质激励	8	13	12	12	14	13	11
心智激励	7	8	7	7	6	9	6
信任激励	6	5	6	6	5	7	3

编码聚类分析图如图 7.5 所示，反映了服务战略、协同机制、激励政策、激励体系、激励生态、激励对象、激励文化对应的不同激励模式的编码密度。从中明显可以发现，连接心智激励模式的线比较稀疏，说明这种激励模式还有待提升和完善。

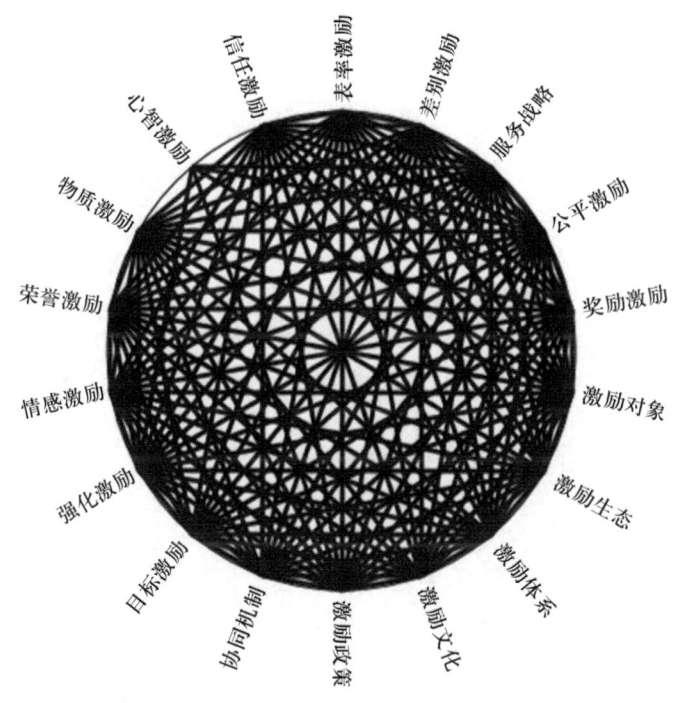

图 7.5　编码聚类分析图

7.5　知识服务政策设计

将收集的有关知识服务的资料作为 Nvivo 11.0 中材料来源的内部材料，对材料进行编码并形成自由节点，将自由节点按照层次结构归类为七种树状节点，并且在不同的树状节点及自由节点之间建立关系，如图 7.6 所示。

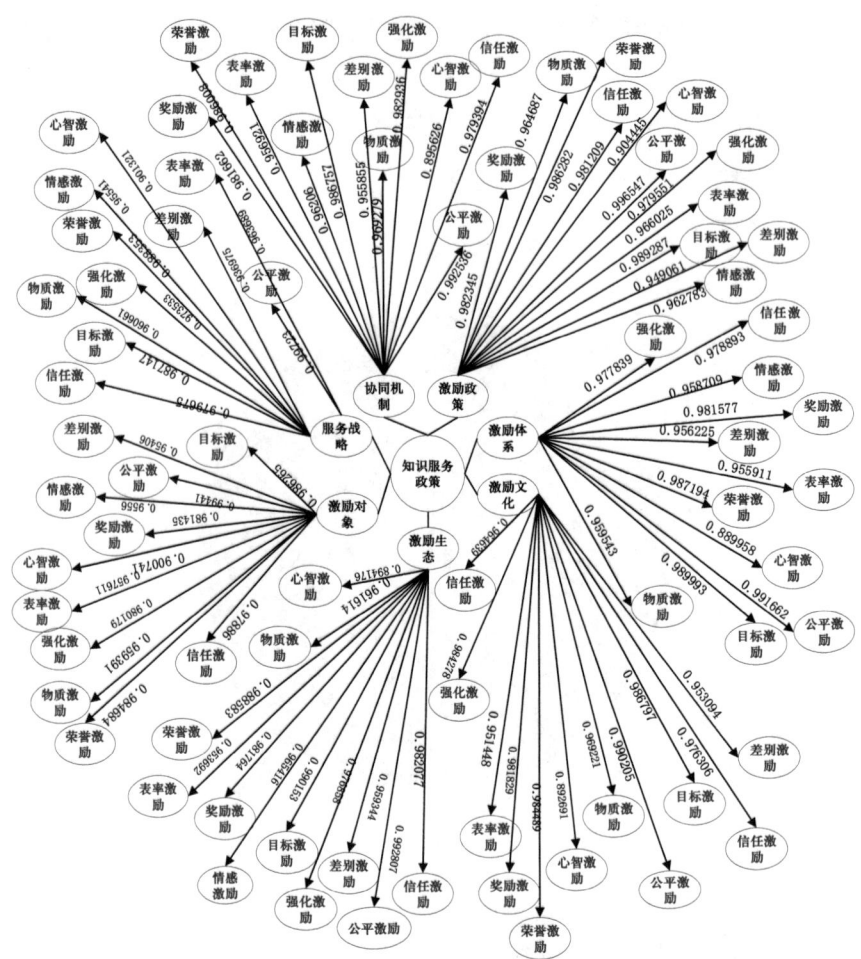

图 7.6　知识服务政策设计模型

　　图 7.6 展现了一级编码和二级编码之间的关系，从而构成了知识服务政策设计模型。在该模型中，知识服务机制及政策通过服务战略、协同机制、激励政策、激励体系、激励生态、激励对象、激励文化七个维度进行阐释，其中激励体系中包含的激励模式有强化激励、信任激励、情感激励、奖励激励、差别激励、荣誉激励、表率激励、心智激励、公平激励、目标激励、物质激励。各一级编码和二级编码之间协调交互，形成了该模型的协同机制。

Pearson 相关系数代表了自由节点与上层树状节点之间的线性关系，Pearson 相关系数在 0.8~1.0 之间表示极强相关。在激励对象维度中，激励对象（一级编码）和公平激励（二级编码）之间的 Pearson 相关系数为 0.99441，表明两者存在极强的相关性，说明目前在激励对象中较为普遍地采用公平激励。激励对象（一级编码）和目标激励（二级编码）之间的 Pearson 相关系数为 0.986265，表明两者存在较强的相关性，说明目前在激励对象中较为积极地采用目标激励。激励政策（一级编码）和公平激励（二级编码）之间的 Pearson 相关系数为 0.996547，表明两者具有高度的相关性，说明目前在知识服务激励政策中较多地采用公平激励。其他以此类推。

第8章 >>>>>>

科技型中小企业知识服务激励机制

⟨8.1⟩ 构建知识服务激励机制

综合前面的分析可知,需要建立科技型中小企业知识服务激励机制。本书依据马斯洛的需求层次理论、赫茨伯格的双因素理论、亨利·埃茨科威兹和罗伊特·雷德斯多夫的三螺旋理论的相关内容,给出如下示意图(见图 8.1)。

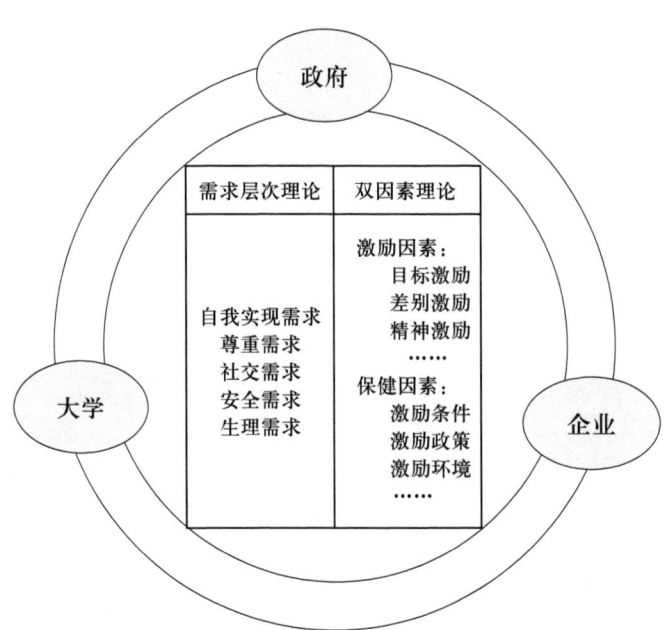

图 8.1　知识服务激励理论示意图

从图 8.1 所涵盖的需求层次理论及双因素理论的耦合性来分析，良好的知识服务激励机制应该考虑到安全、物质、精神等层次的需求。按照双因素理论，安全需求、物质需求、精神需求可以归结到激励因素及保健因素中。天津市出台的一些政策就考虑到了上述因素中的部分因素。例如，2010 年 9 月 7 日出台的《天津市中长期人才发展规划（2010—2020 年）》就涉及知识服务激励中的激励因素及保健因素等。

有效的知识服务激励机制需要兼顾安全、物质、精神等层次，考虑到激励因素和保健因素，从政府、企业和大学三个角度去审视。根据调研结果及对资料的综合分析，本研究建立了如图 8.2 所示的知识服务激励机制。

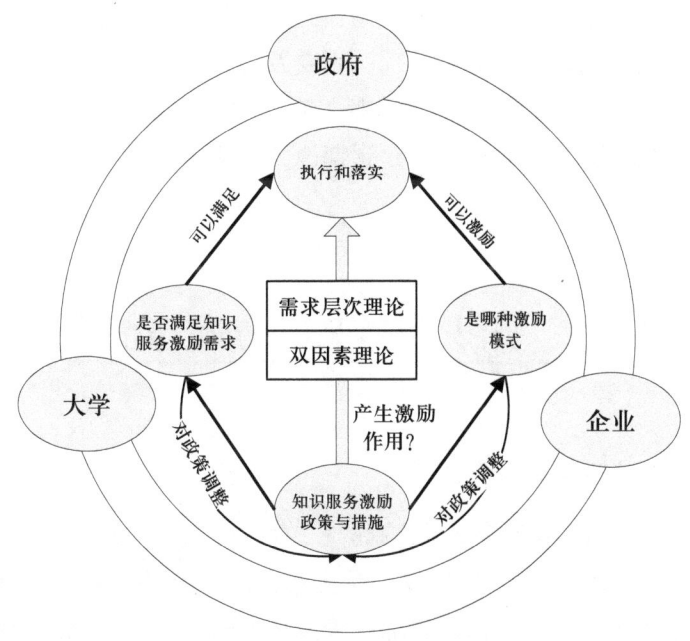

图 8.2　知识服务激励机制

图 8.2 表明，知识服务激励机制的建立需要考虑以下两个重要方面。

首先，知识服务激励政策与措施能否满足知识服务人才目前所需。假如可以满足，那么要考虑如何执行和落实相关政策与措施，以达成相应的知识服务激励效果与目标。

其次，区分出台的知识服务激励政策与措施是属于哪一种激励模式。如果是保健因素，则只是满足知识服务人才的基本需求，难以形成长效的激励作用；如果是激励因素，并且得到高效的执行及落实，则会发挥有效的激励价值。

在知识服务激励政策出台并且发挥价值的过程中，以上两个重要方面将协同互动，彼此影响。例如，保健性激励政策与措施虽然可以满足知识服务人才的低层次需求，但是激励效能难以长久，且激励价值难以最大化。

另外，在知识服务激励机制构建及政策制定中，还需要考虑其是否可以满足目前知识服务人才的需求，而且在政策制定及实施过程中需要鉴别其涉及和采用了哪些激励模式。在具体实施过程中，要及时进行反馈，如遇需要调整的情况，则要及时、适当地调整激励机制及政策，调整时需要考量的因素包括：是否符合知识服务人才的需求，是何种激励模式，是否可以达到预期激励效果，在激励过程中存在何种问题，等等。

8.2　知识服务激励方向与措施

8.2.1　激励机制构建的方向

第一，注重知识服务激励机制的长效性。

科技型中小企业知识服务人才既包括国际知识服务人才，也包括国内知识服务人才。政府需要增加政策宣传形式，加大在全国的宣传力度，提高知识服务人才对区域知识服务激励政策的认识。从运行机制上看，政府、企业及大学在知识服务中要积极参与，同时形成完善的知识服务激励措施和机制，保证激励机制的长效性。

政府需要创造适合知识服务发展的环境及文化，支持区域性知识服务生态的形成和完善，激发区域民众的知识服务积极性，挖掘潜在的知识服务人才，帮助需要知识服务的女性及少数群体等。这些措施都可以保障知识服务激励机制的长效性，从而形成知识服务的文化和氛围。

第二，知识服务激励政策需要覆盖到整个人才链。

应将知识服务激励政策的实惠落实到基层知识服务人才身上，并且鼓励一线知识服务人员、科研人员、行业人才开展知识服务活动。政府可以设定知识服务教育奖项，尤其是对大众进行奖励，而不是将奖项全部给予大企业和高学历人群。政府可以拿出一定的奖励比例来鼓励大众接受知识服务教育，并给予大力支持和保障，这样有利于知识服务氛围的营造及知识服务文化的形成和积淀。知识服务激励政策应该一视同仁，体现其公允性，即无论是企事业单位还是自由职业者，都能够参与知识服务，并享有获得知识服务的权利。这就要求在制定和执行知识服务激励政策时既要重视产业类知识服务人才，也要重视基础研究类知识服务人才。

第三，知识服务政策需要综合考虑政策体系的实施效果。

制定知识服务激励政策时不能孤立考虑，应结合相关政策进行协同考量，特别是要考虑政府、企业和大学三者的角色和价值。建议增设一些知识服务性的且与人才引进相配套的科研和技术转化支持计划，辅助技术的转化或者产业化。对于不同层次的知识服务人才，可以提供保障性的房补或者相应的无抵押贷款，这样可以降低其生活和工作的门槛。另外，各方面的配套机制也应及时跟进。

第四，知识服务人才需要激励氛围、激励环境和激励文化。

对知识服务人才的激励应该兼顾物质激励与精神激励，在制定激励措施的时候不能一概而论，可以针对不同的人才、不同的知识服务技术等采取不同的政策，从而体现激励政策的灵活性和长效性。在知识服务人才激励方面，需要形成有特色的激励环境和激励文化。应以知识服务激励机制为抓手，探究知识服务激励机制及模式，规范知识服务激励的标准，扩大知识服务激励的广度和深度，克服激励的狭隘性，建立以知识服务文化为主体，以知识服务、价值体现和其他需求为补充，面向社会群众的知识服务激励体系。

应将知识服务激励与创业就业、生活品质、项目招标等实践融合起来，增强知识服务激励的社会功能。同时，需要增强大众对知识服务激励的认同感，保持知识服务激励政策和效果的连续性，通过有效的知识服务激励，调动群众的知识服务积极性，进而影响知识服务激励方向、价值观念和行为方式，营造社会支持的知识服务激励文化和环境。

8.2.2 激励政策与措施的重点

根据本研究分析结果，科技型中小企业后续的知识服务激励政策与措施应该以保障性政策与措施为基础，加强激励性政策并以此为突破点。对此，可以从以下方面来理解。

首先，满足物质性需求的措施构成了知识服务激励政策的基础。根据马斯洛的需求层次理论，结合天津市现有的知识服务激励政策可知，满足低层次的生理需求（食物、睡眠等）、安全需求（人身安全、有秩序等）的保障性政策仍需占主要地位。

其次，满足中、高层次需求的措施应该是后续知识服务激励政策的突破点。这类政策与措施满足的需求主要包括社交需求（归属感、情感、认可度、爱等）、尊重需求（地位、承认、自尊、尊严等）、自我实现需求（发展、价值、自由、自我创新、自我创业等）。目前，在科技型中小企业知识服务激励中，这类措施受到越来越多的重视，但是重视程度、出台的相关措施仍然不够，需要在后续政策与措施中予以加强。

8.3 知识服务激励的方式

8.3.1 需求层次激励

根据马斯洛的需求层次理论，处于不同发展期的人有不同的需求，那么针对发展期的当期需求进行激励将更为有效。因此，应当根据知识服务人才的需求和特点制定相应的政策，并采取相应的措施。

应根据知识服务人才的不同层次，采取不同的知识服务激励措施。"不同层次"包含以下两方面含义。

（1）知识服务人才自身具有不同层次，既有处于产业、技术、知识高端的创新创业人才，如科学家、专家等，其创新体现为理论、方法、产品、材料等的创新，也有处于低端的创新人才，如技术人员等，其创新主要体现为应用、工艺等的创新。由此可知，不同层次的知识服务人才的激励需求是不同的，需要针对他们的需求制定相应的政策。应给予高端知识服务人才高层次激励，如表率激励、心智激励、差别激励、目标激励、事业激励等；而给予其他知识服务人才保障性激励，如住房、高工资福利等物质激励。

（2）激励政策与措施要有层次性。知识服务人才具有不同层次，那么激励政策与措施也应该具有层次性，不能用一个政策或措施来激励所有的知识服务人才。根据马斯洛的需求层次理论，制定的激励政策与措施应该涵盖五种需求，包括生理需求、安全需求、社交需求、尊重需求、自我实现需求。

8.3.2　知识服务人才类别激励

可以按知识服务人才的类别进行激励，如从技术、产品、管理、制度等方面考虑知识服务人才的创新性，制定相应的激励政策。

第一，以技术创新性为标准对相关知识服务人才进行激励。可以以国际级先进技术、国家级先进技术、省市级先进技术为标准，制定相应的知识服务激励政策与措施，对相关知识服务人才进行激励。

第二，以产品创新性为标准对相关知识服务人才进行激励。以技术为标准制定相应的政策进行激励后，顺理成章地需要以产品为标准进行激励。如果说技术是创新的源头，那么，产品是技术的应用，是技术链的中游。产品的创新将更易于衡量，是"看得见，摸得着"的，对社会经济的贡献也是显而易见的，因此，理应以产品为标准制定相应的知识服务人才激励政策与措施。

第三，以管理创新性为标准对相关知识服务人才进行激励。从已有的知识服务人才激励政策来看，主要以技术、产品等为标准进行激励，对管理型人才进行激励的标准较为欠缺，仅存在一些间接相关的激励标准，例如，以企业所缴的利税、对经济发展的贡献等来衡量。而管理的重要性非同一般，正如将领的作用会影响到整个部队的战斗力，管理的好坏也将影响到企业的发展、人才个人的发展等。因此，需要根据相应的标准对管理型知识服务人才进行激励。

第四，以制度创新性为标准对相关知识服务人才进行激励。与管理型知识服务人才类似，制度创新人才的相关激励政策与措施也较为欠缺。这里的制度既指社会管理，更指企业管理制度，从后者的意义来说，更接近于管理创新。因此，制度型知识服务人才的激励政策与措施可以与管理型知识服务人才的激励政策与措施相结合。

8.3.3 行业类别激励

不同层次、不同类别的知识服务人才有不同的激励需求，相应地，不同行业的知识服务人才也有不同的需求。那么，在制定整体性知识服务激励政策时，如果考虑不同行业及产业的特点，在制定实施细则时予以调整，将会使知识服务激励政策与措施更有针对性、更有效。

根据建设自主创新城市的要求，高新技术行业将会是知识服务激励政策涵盖的重点行业。国家提倡发展高端装备、节能环保、新一代信息技术、新能源汽车、新材料、新能源、生物、数字创意等产业，因而这些产业的知识服务人才应该是重点激励的对象，相关的知识服务激励政策需要围绕他们制定。要重视产业类知识服务人才，并且根据各产业知识服务人才的比例，结合产业发展方向，设计知识服务激励政策。另外，应结合产业链及人才链等因素，适当考虑其他产业的知识服务激励。

第9章 >>>>>>

科技型中小企业知识服务竞争力

经济全球化使科技型中小企业的外部环境产生巨大变化，科技型中小企业之间的竞争日趋激烈，因而科技型中小企业必须在企业知识服务文化、组织制度、管理模式方面进行相应的变革，从而实现科技型中小企业内部资源重组，提高管理水平和效率，充分释放企业内部潜力。随着以最新科技和人类知识精华为基础和结晶的，不断迅速创新的知识密集型、智慧型经济的到来，更应重视企业知识服务竞争力。

当前国际上科技型中小企业之间的竞争已转向深层次的知识服务文化理念的竞争，也就是比谁的知识服务竞争力更强，谁的知识服务文化能更快、更好地整合内外各种资源并形成企业竞争的强大合力。但目前很少有人关注如何提升知识服务竞争力在科技型中小企业中的作用，至于将企业知识服务文化与企业核心竞争力有机结合方面的研究更为少见。

⟨9.1 知识服务竞争力

9.1.1 知识服务竞争力的内涵

科技型中小企业的知识服务文化也是一种竞争力，是综合知识服务竞争力的组成要素。科技型中小企业对知识服务竞争力重视与否、重视的程度如何，势必影响科技型中小企业的核心竞争力。

企业知识服务竞争力是企业知识服务在影响企业市场竞争力各

种要素中的体现和集中，具体说就是由企业知识服务所带动的产品市场占有率、市场竞争力、企业利润率等在企业综合竞争中体现的优势。

9.1.2　知识服务竞争力与竞争力的关系

一般地，知识服务文化理念决定制度形式，制度形式作用于技术水平，技术水平决定产品竞争力。因此，知识服务文化理念高于制度形式，是极具潜力的竞争力，是企业竞争力的一个重要方面。具体地，知识服务竞争力与企业竞争力之间的关系如下。

（1）企业竞争力需要企业知识服务文化的支撑。企业知识服务文化所涉及的领域和影响的范围无不与企业竞争力密切相关。

（2）企业竞争力受制于企业知识服务文化。企业的经营活动和管理创新依赖于企业知识服务文化。企业知识服务竞争力是企业持续发展的内在驱动力，是人才、管理和创新的催化剂，是决定企业成败的关键因素。

（3）企业知识服务竞争力提升企业核心竞争力。企业的核心竞争力是企业知识服务竞争力中的企业理念和核心价值观，企业知识服务文化的目标导向力最终将推动企业核心竞争力的提高。

9.1.3　知识服务竞争力的功能

科技型中小企业知识服务竞争力的功能主要有五个方面。

（1）创新与整合。不断淘汰企业文化中没有竞争力的因素，吸收有利于科技型中小企业自身发展的知识服务文化因素，同时进一步挖掘和整合科技型中小企业自身的各种知识服务文化资源，形成整体性合力，使科技型中小企业保持旺盛的竞争力。

（2）凝聚与激励。运用激励理论形成具有某种价值观念的知识服务文化，培养科技型中小企业员工的团队精神，增强企业的凝聚力，让员工个人追求的目标与科技型中小企业的发展方向保持一致。这就需要培养员工对企业知识服务文化的自我认同。

（3）认同与抵御。这主要影响不同科技型中小企业之间的兼并和重组。科技型中小企业的兼并和重组不仅是资产和人员的兼并和重组，更主要的是通过资产和人员的兼并和重组实现不同企业之间知识服务文化的融合，也就是统一企业的经营管理思想，以知识服务竞争力的提升来增强企业整体竞争力。

（4）生存与发展。知识服务竞争力是以软管理方法实现的柔性生产力。科技型中小企业自身特有的知识服务文化对公司管理有着不可估量的作用，是公司生存发展的竞争力。

（5）宣传与吸引。知识服务竞争力反映企业的灵魂、信仰、价值观，显示企业的个性、气质。知识服务竞争力使客户比较直观地看到管理思想和行为习惯的稳定性和科学性，看到公司特殊的发展脉络和轨迹，从而吸引和稳定客户。

9.2　知识服务竞争力的要素

科技型中小企业的发展靠的是核心竞争力（陈建华，2002）。核心竞争力来自技术，技术来自人才，而人才的形成要靠企业以人为本的知识服务文化（陈宜才，2002）。企业知识服务竞争力的构成要素如图 9.1 所示。

（1）学习创新能力。这最终体现为拥有一支能够有效构成学习型组织的高素质员工队伍，而凝聚这个队伍的关键正是科技型中小企业的经营理念和核心价值观。学习创新能力是未来企业成功的保证。科技型中小企业的学习创新能力越强，进步越快，对环境变化的适应能力越强，生存与竞争能力就越强（贾春峰，2001）。学习创新能力的提高要做到"终身学习"，只有不断地更新自己的知识结构，才能在竞争中取得优势（马锡崇，2003）。

（2）管理服务能力。这体现为拥有一套比竞争对手更好的、与市场竞争相符合的、能够促进企业内部资源灵活高效运转的管理机制。应通过实施企业知识服务文化战略，促进企业管理创新，从而实现企业可持续发展（冯沪祥，1998）。

（3）技术服务能力。这最终体现为拥有一批具有自主知识产权和广

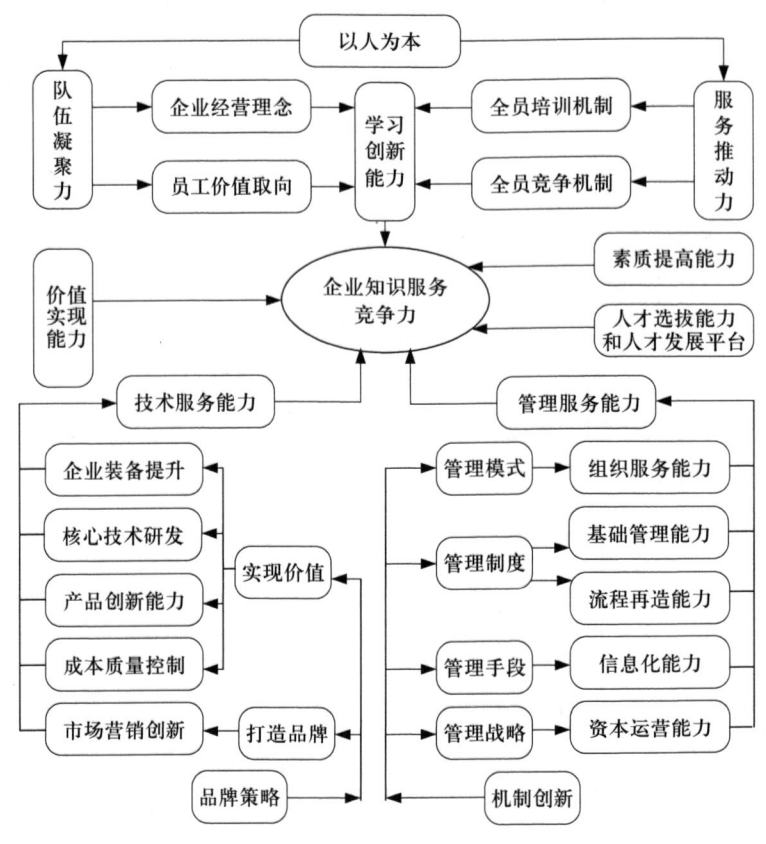

图 9.1　知识服务竞争力构成要素

泛市场竞争力的产品或服务。技术服务能力是企业知识服务竞争力的集中体现，其作用是应对外部竞争的挑战与压力。它主要包括企业装备提升、核心技术研发、产品创新能力、成本质量控制和市场营销创新等方面，前四项有助于有效打造企业品牌的内核，是品牌成功的重要基础，而市场营销创新则能有效地把品牌推向市场并实现其价值。只有将两者有机结合，企业才能成功地塑造自己的品牌。在高科技日益发展的竞争环境下，企业知识服务竞争力的提升离不开核心产品或核心技术。

（4）价值实现能力。员工应该明确自己的人生价值，并且与所在公司的价值追求相吻合。只有如此，才能提升员工的人生价值。

（5）素质提高能力。企业人力资本投入水平与企业效益成正比，企业希望最终促成"企业人力资本投入加大—员工素质提高—对企业的忠诚度和贡献率提高—企业效益提高—企业人力资本投入继续加大"的良性循环。对员工进行全面而卓有成效的培训，营造积极的知识服务文化，最终将形成企业的核心竞争力。

（6）人才选拔能力和人才发展平台。企业要发展壮大，人是最根本的。"人人是人才"，企业应把每个员工都视为企业发展的可用之才（林国建等，2002）。

9.3　知识服务竞争力评价指标体系设计

9.3.1　设计原则

企业知识服务文化建设难以定量分析，其核心竞争力的强弱是一个模糊的概念，影响企业竞争力的因素也是模糊和多方面的。所以，指标体系应反映其真实内涵，既要反映显性的现实竞争能力，也要反映隐性的、潜在的竞争能力和可持续发展的竞争能力。

指标体系的具体设计原则如下。

（1）完整性原则。指标体系应完整地、多方面地反映企业知识服务竞争力状况，包括硬指标和软指标。

（2）系统性原则。评价不能只考虑单一因素，应系统客观地评估。

（3）可行性原则。注意指标含义的清晰度和数据的可靠性，避免产生误解和歧义。同时，指标数量要适当，指标间不要出现交叉重复，消除冗余，提高评估的可操作性。

（4）可比性原则。要考虑指标口径、计算方法、计算口径以及在地区、国际和历史上的相互可比性，便于横向对比，也便于纵向对比。

9.3.2　评价指标的设计

企业知识服务文化一般包括物质文化、行为文化、制度文化和精神文化四个层次。其中，物质文化主要指生产装备、现场管理制度、文化生活设施等；行为文化主要指员工队伍的知识技能、文明程度、敬业精神等；制度文化主要指管理的科学化程度、决策的正确性、员工的决策参与度等；精神文化主要指企业价值观、企业精神、企业凝聚力等。四个层次由浅入深、由表及里逐渐深化。

9.3.3　构建评价模型

（1）评价等级的划分。基本评价方法是请专家对企业知识服务竞争力的各个指标进行打分。为增加评价的准确性，本研究采用隶属度赋值方法，将每一个指标分为 7 个档次，对每个指标档次提出明确、具体的要求，建立各档次与隶属度之间的对应关系。

结合我国企业的实际情况，基于企业知识服务文化竞争的具体指标档次划分如表 9.1 所示。

表 9.1　指标档次划分表

指标档次	说明	分值
1	世界一流	7
2	1、3 档之间	6
3	行业最高水平	5
4	3、5 档之间	4
5	行业平均水平	3
6	5、7 档之间	2
7	行业最低水平	1

（2）指标权重的确定。指标权重的大小反映各指标之间的关系及其在整个要素中的重要程度。目前，测定权重的方法众多，如 AHP 法、Dephi 打分法等，任选一种即可。权重分配可表示为权重向量 $A=(a_1, a_2, a_3, a_4)$。对各评价要素子集 U_i 内的评价指标 U_{ij} 的权重分配也采用上述方法，于是各评价要素子集中各个评价指标的权重分配可表示为权重向量 $A_i=(a_{i1}, a_{i2}, a_{i3}, a_{i4}, a_{i5}, a_{i6})$（$i=1, 2, 3, 4$）。

（3）评价矩阵 R_i 的确定。设共有 n 位评委，对 U_{ij} 指标共有 m_{ijq} 位评委选择了第 q 档。那么，可以认为整个评委会对该企业在 U_{ij} 指标方面选择第 q 档的概率为：$r_{ijq}=m_{ijq}/n$。这是单项评价的结果。根据评委会在该项指标上选择 1—7 各档次的人数的概率统计，得到一个对 U_{ij} 指标评价的行矩阵 $R_{ij}=（r_{ij1}，r_{ij2}，\cdots，r_{ij7}）=（m_{ij1}/n，m_{ij2}/n，\cdots，m_{ij7}/n）$。

$B=（b_1，b_2，\cdots，b_7）$ 是综合评价结果。按照最大隶属度原则，b_j（j=1，2，$\cdots$，7）中数值最大者 b_j 中的 j 表示企业竞争力处在第 j 档上。例如，若 b_4 最大，表示企业竞争力处在第 4 档水平。

9.4　塑造服务竞争力的措施

（1）全面考虑、分析内外因素，提炼知识服务核心价值观。企业核心价值观是企业知识服务文化的基本内容，其中特别需要重视的是企业知识资本。在构建企业知识服务竞争力时，还要充分考虑企业的外部环境和内部现实条件，突出企业自身的个性知识服务文化。由于各企业所处地域的文化、发展的经历和背景、管理者的管理理念和思维方式不同，企业知识服务文化的建设具有一定的历史性、人文性及个性色彩。建设企业知识服务文化时，应避免"盲目复制"或照搬照抄现成的文化模式，而是去挖掘具有自身特色的、符合企业自身实际的企业知识服务文化。

（2）推进企业知识服务文化与企业知识管理的整合。企业知识服务文化和企业知识管理两者中任何一方的改变或者双方同时改变，都会引起企业内部和外部的整合，重点在于企业文化整合和管理整合。只有通过内外资源的重新整合，用优势企业先进的经营理念、价值取向和管理体制去改造、融合弱势企业的竞争要素，将不同企业的知识服务文化通过合并、分拆、增强或减弱等方式进行整合，才能使企业形成强大的竞争合力（苏勇等，1999）。首先要对企业内部资源和竞争力要素进行重组与整合。企业知识服务竞争力是由不同的竞争力要素有机联系而成的整体的竞争实力，所以，要对企业知识服务竞争力的要素（人力资源、技术和制度）进行整合。要对企业知识管理制度和管理模式进行改造，采用新的管理手段和管理策略，建立新的机制，创造新的活力（林国建等，2002）。其次要对外部资源进行重组与整合，包括产品全价值链的整合以及市场资源的重组与整合。

（3）加强人力资源管理。人力资源管理要抓住几个环节，即选择、评估、奖励、使用和留人。在创造竞争优势的过程中，这上面几个环节与企业的每一种活动都要发生联系，要从人的因素方面为企业提供支持和保障，从而更好地实现企业的经营战略目标。

（4）创新激励机制，巩固企业知识服务文化。价值观的形成是一种个性心理累积的过程。人们的合理行为只有经过肯定及强化，这种行为才能再现，进而形成习惯并稳定下来，使指导这种行为的价值观念转化为行为主体的价值观念。

（5）领导者身体力行，信守知识服务价值观念。企业领导者的模范行动起着重要的示范作用。领导者应是企业价值观的化身，通过自己的行为向全体员工灌输企业的价值观念。首先，坚定信念；其次，在每一项工作中体现这种价值观；最后，注意与员工的感情沟通，重视感情的凝聚力量，以平等、真诚、友好的态度取得他们的信任。

（6）增强员工的知识服务品牌意识，丰富知识服务文化的内涵。企业品牌的含金量很大程度上是企业文化在产品上的一种物化，企业出售产品实际上是在出售企业的服务文化和产品文化，而这种知识服务文化在潜移默化地吸引和影响着产品的消费者。企业可通过营销策划竞赛等活动增强全员的品牌意识，推出一些充满人文关怀的产品和服务品牌，使企业文化的力量体现在每一种产品和服务上，从而大大提升企业的综合竞争力。

（7）开展全员性的企业知识服务文化建设。运用企业文化激发员工潜能，充分发挥员工的主观能动性。企业知识服务文化建设是一个企业价值观的具体体现和运作理念的落实，必须自上而下贯彻，并形成相关的制度来督促考核。对于广大员工而言，如果企业能够为其提供一定的财富、融洽的人际关系、和谐的工作氛围、积极的生活观，那么大部分的员工都会愿意敞开心扉来学习企业知识服务文化，乐意被感染。

（8）使企业知识服务文化成为全体员工的共识。这是最关键的一环，要注意"局部和全面相结合"。"局部"有两层含义：一是要发挥领导者的个人魅力；二是要注重榜样的作用。"全面"的含义就是加强企业培训，提高员工素质。这不仅体现为对员工的业务水平等"硬件"进行培训，更重要的是要改善员工的职业道德、经营理念、合作意识等"软件"。

21世纪是伦理经营时代，应更加注重企业经营管理中的知识服务文化因素。有专家称科学管理最终要向知识服务文化管理发展，这是企业管理的软化趋势，也就是将重心转移到知识服务竞争力上。成功的企业一定要有完善的治理结构、有竞争力的核心技术、有创新精神的企业家和管理团队以及积极和谐的企业知识服务文化。随着知识经济的发展，企业知识服务文化对企业兴衰将发挥越来越重要的作用，甚至常常是关键性作用。企业知识服务文化是企业发展的重要推动力，企业知识服务竞争力是企业竞争力的重要方面。21世纪企业之间的竞争，根本上是知识服务文化的竞争。世界500强企业出类拔萃的技术创新、体制创新和管理创新的背后，是优秀而独特的企业知识服务文化。

第 10 章 ⫸⫸⫸

科技型中小企业隐性知识服务

　　社会化推荐是通过特定类型的信息过滤技术，利用社会网络（博客、网页、图片、新闻、标签等）将信息及时准确地推送给对此感兴趣的群体或者实践社区的过程。社会化推荐通过社交网络、社交搜索、社交媒体、社会书签、社会新闻、社会知识共享、社交游戏、博客、维基、推荐系统、问答社区、查询日志、标签等获取社交行为数据，利用计算机技术，如机器学习、数据挖掘、自然语言处理等进行研究，挖掘出集体智慧（Guy 等，2011）。这种服务方式不同于传统的信息推荐服务，它将社会网络、社交媒体视为信息推荐的主要平台，使用户的隐性知识在社会化推荐过程中与其他用户进行交互，形成交流。

　　社会化推荐的出现无疑会促进用户之间的信息与知识服务，特别是隐性知识服务。在知识服务过程中，隐性知识的交流成为社会交流的基本议题（Millar 等，2010）。Johannessen 等（2011）认为，通过相关人员在社交媒体中的行动及其表现，形成了隐性知识的开发、交流与整合。Endres 等（2007）认为，社会化可以实现个体之间的隐性知识服务。但目前将社会化推荐和隐性知识服务两者相结合进行的研究还较为缺乏。本研究将从社会化推荐的视角，探讨其在隐性知识服务中的应用，以便为相关研究提供参考。

10.1　隐性知识的分类及特点

10.1.1　隐性知识的分类

Lubit（2002）将隐性知识分为四类：难以确定的技能、心智模式、解决问题的方法、组织惯例。人们经常意识不到拥有隐性知识，也发现不了其拥有的隐性知识对别人的价值。Collins（2001）按照隐性知识转化为显性知识的难度，将隐性知识划分为简单、中度及复杂三个等级。复杂隐性知识是指集体性的隐性知识，这种隐性知识难以显性化；中度隐性知识通过必要的努力可以显性化；简单隐性知识更易于显性化。Collins（2001）指出了隐性知识的五种形式：第一种是隐匿性知识，通常只能意会不能言传；第二种是实证性知识，由于语言表达的复杂性，其可以通过实践来学习和理解；第三种是匹配性知识，例如，A 将知识传递给 B，B 以为其已经拥有了 A 告诉的隐性知识，而实际上并没有；第四种是未识别知识，例如，A 掌握了某种隐性知识，并发挥隐性知识的价值，但是 A 并没有意识到自己已经掌握了这种隐性知识；第五种是逻辑性知识。

隐性知识包括直觉、经验法则、感知和技能。它包括两个维度，即技术维度和认知维度。技术维度包括与专业技能有关的信息和经验、非正式和难以确定的技能或手艺；认知维度包括心智模式、信念和价值、模式、思维模式、信仰和观念（Nonaka 等，1995）。隐性知识具有个体化属性，其难以形式化（Oliveira 等，2014），包括专业技术（通常表现为专业技能）、认知维度（包括谋略、思想、心智模式、信念和观点）（Whyte 等，2012）。隐性知识是技术或认知，由心智模型、价值观、信念、看法、见解和设想组成（McAdam 等，2007）。如图 10.1 所示。

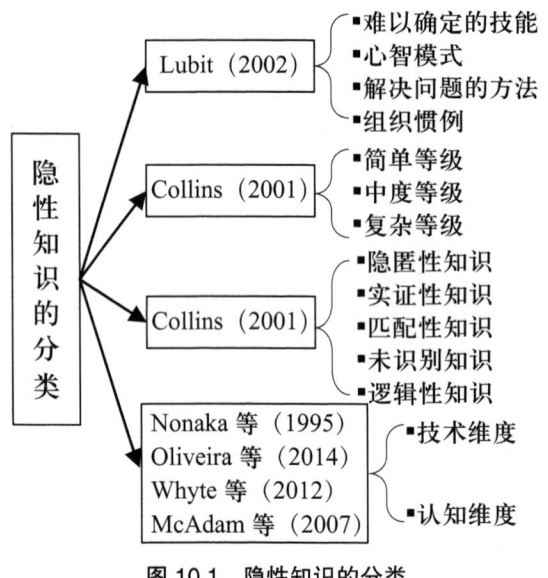

图 10.1 隐性知识的分类

10.1.2 隐性知识的特点

（1）非陈述性。隐性知识嵌入在个人的心智或者直觉中，难以明确阐述或编码（Marvel 等，2010）。隐性知识通过人们的行为和语言来展现，但是难以明确地表述。隐性知识是难以言明、无法阐述的专门技能、技巧及技术等。隐性知识的特征难以形式化和写出来。隐性知识包括个人理解、技能、能力和经验，但是难以定义和解释，难以评估和衡量。隐性知识往往难以阐明，因为它需要判断采取何种正确方式去做事情，所以无法书面表达。隐性知识在本质上是内在的，对其编码和提取、陈述相对困难。隐性知识需要被发现、提取和捕获，它必须创造性地传播以共享，从而有效地扩充知识库。

（2）个体性。人类个体是隐性知识的主要载体，它内化在人类的思想和头脑中（Staines，2013），因此隐性知识难以交流。隐性知识是个体性知识，来自个人经验且存储在拥有它的个人的头脑中，其具有认知维度。隐性知识由个体在某种情境下的心智模式构成，深深地嵌入在个体中并被个体认为是理所当然的，这也造成隐性知识难以表述。隐性知识存在于个人头脑中，并通过人与人的沟通来转移。个体通过努力可以获得隐性知识，但往往难以明确形容和描述。出于个体自身利益、兴趣爱好等方面的考量，隐性知识拥有者不会轻易将有价值的隐性知识转移出去。

（3）实践性。隐性知识具有实践性，其暗含着实践过程，如果缺少实践过程，则很难领悟隐性知识及其价值。隐性知识是基于实践过程的（Taylor 等，2015），因为对隐性知识的认知具有实践属性，缺少实践过程往往难以获取隐性知识。隐性知识是实践性的、行为导向的知识，通过个人实践经验获得，类似于直觉性知识。隐性知识嵌入在组织实践、流程及结构中（Teece，2000）。通常，隐性知识交流并非按规划或计划进行，其交流过程是非正式的缓慢积累的实践过程（Park 等，2012）。

（4）情境性。隐性知识是基于情境的，一般隐性知识是在工作及其使用情境中获得的，隐性知识深深扎根于特殊情境中，包括个体职业、工作、技术及产品市场、团队活动。隐性知识是我们头脑中关于行动和实践力的系列脚本（Nonaka 等，2001），包括情境扫描和适应环境改变。个体隐性知识存在于个人头脑中，来自情境、动机、机遇和接触，然后通过特定情境中经验和教训的反复尝试，增强和扩充隐性知识。隐性知识需要嵌入特定情境（包括组织文化、结构、流程和日常）中才可以发挥价值。隐性知识是基于情境的，其形成和消失与人、环境、思想和经验有关。隐性知识要求在学习过程中有灵活度，以便适应不同情境的需求。隐性知识难以定义、把握和获取，其根植于个体的社会、文化、历史、经验和具体情境（Leybourne 等，2015）。

（5）交互性。隐性知识可以在个体交互过程中获得，这些交互过程包括人与人之间的经历、反思和个人才能等的交流。因此，隐性知识不能以与显性知识同样的方式进行管理。学徒制、面对面社交互动以及实践经验等交互方式更适合隐性知识交流（Haldin-Herrgard，2000）。隐性知识（能力、技能、经验、直觉等）是高度个体化且难以写明的，面对面的交互往往是隐性知识转移的主要方法（Holste 等，2010）。隐性知识交流中人与人交互的关键是个人愿意且有能力分享其所知和所学的知识。隐性知识是知识的抽象表征，并通过语言、沟通等交互方式进行映射表示（Venkitachalam 等，2012）。隐性知识交流需要深入的社会交互关系和信任（Khan 等，2014）。开放、信任和组织成员之间良好的沟通交互可以促进隐性知识的交流。隐性知识具有非结构性、编码难及嵌入性的特征，因此，需要人与人之间的协同互动来实现隐性知识交流。

10.2 隐性知识服务的社会化属性

隐性知识是难以编码的，主要基于个人经验。隐性知识作为智力资本，可以提高决策质量。在组织环境中，隐性知识由技术技能、个人观点、信念和心智模型等构成（Small 等，2006），隐性知识交流在很大程度上依赖于个人经验和认知。同经验影响隐性知识的获取一样，认知部分与个人愿景有关，诸如信念、观点及范式等，这会影响他们对业务活动的看法及其职业角色，从而影响他们交流隐性知识的意愿（Borges，2012）。知识交流的关键在于隐性知识的动员和转化，隐性知识具有高度个人化及难以明确化的特点，难以交流和分享，主观见解、直觉和预感属于这一类的知识。此外，隐性知识深深扎根于个人的行动和经验，以及理想、价值观或情绪中。通过社会网络中成员的协同交互可以交流隐性知识（Glisby 等，2011）。隐性知识交流是通过知识主体（知识拥有者）与知识客体（知识需求者）的协同互动，以可接收、可理解、可消化的方式使知识客体获得、吸收并且消化知识，实现隐性知识供应方与隐性知识需求方相匹配的过程（姚伟等，2011）。

隐性知识是用于描述难以表述的想法、决策、认识、意义等的术语，个体并非完全知晓自己拥有其他人需要的隐性知识。个体无法将隐性知识付诸文字或图像，以便传递知识。人们可以知晓事情的本质及需要采取的行动，但是不能阐明为何知道、为何存在及其本源。隐性知识交流可以形成理解和知晓，彼此的沟通交流可以传递和创造知识。知识始于隐性知识，知识的源头在于个人（无意识）向外的表述，这意味着在隐性层面，隐性知识难以言明（Bennet 等，2008）。

隐性知识可以被下意识地理解和应用，但是难以清楚地表达。隐性知识来自经验和实践，通常通过社交互动、讲述和经验分享来实现交流与共享（Özdemir，2008）。隐性知识可以通过交流进行转化与共享，而不需要过渡的信息阶段（Hicks 等，2007）。隐性知识可以直接在人与人之间进行交流与转移，而不需要文档或专家的教授（Janson 等，2007）。

隐性知识服务需要应用于具体的情境中，并且是实践导向的（Wassink 等，2003）。隐性知识服务包括直觉、技能、洞察力、实践知识、信念、心智模式及实践技能的交流（McAdam 等，2007）。隐性知识服务过程涉及技术维度和认知维度（Rowe 等，2008）。隐性知识服务的内容包括四种类型：①非陈述型，即难以言明的知识，是内隐学习的结果；②社会文化型，即知识或者认知体系，是大众及集体知识；③语义型，即话语、行动及其他现象的非描述性及含蓄的意义；④智慧型，即对于实践的敏锐的隐性认知能力（Castillo，2002）。

隐性知识服务虽不具有形象性，但是隐性知识服务是由客观事物触发的，可以通过社会化对行为主体的心理和行为的变化进行呈现、跟踪、观察、记录和研究，进而发掘人们的经验、感觉、直觉、意识、记忆、想象、洞察力及理念等。即使人们的直接表现被忽视和隐蔽，隐性知识服务也会在社会化活动的其他方面，通过现象间接地有所发生或者表征，这就是隐性知识服务在社会化活动中的现象属性。

知识创新的关键在于交流、运用和转换隐性知识（Bordum，2002）。当组织机构或者个体之间进行社会化活动并交流经验的时候，就会产生隐性知识的交流。在社会化活动过程中，采取不同的交流方式，如面谈、示范、演示、观看、录像、录音等，会产生不同的交流效果。在形式上，隐性知识是不能编码的，但是采取不同组合的交流方式，结合个体的吸收及领悟能力，会形成隐性知识的交流与转化。因此，如果进行隐性知识服务，可以使个体和组织获益（Mayfield，2010）。通过隐性知识拥有者和隐性知识需求者之间的社会化交互，可以形成隐性知识的转移和交流，这是隐性知识服务在社会化活动中的功能属性。

在社会化活动中，隐性知识服务过程需要考虑社会、政治、经济、文化背景等（Rebernik 等，2007）。在共享的社会、组织及文化背景中，社会互动及个体协作可以增加隐性知识（Wasonga 等，2006）。隐性知识服务需要通过特定的情境才可以发生，在设定的情境中，可以通过观察、模仿和实践来获取诸如心智模式、专业技能等隐性知识（Teerajetgul 等，2008）。隐性知识服务在系统中或者系统之间实现整合的过程中，需要熟悉情境，并且进行有意识的互动，对话、沟通、交流、示范、观摩、模拟、演示等是影响隐性知识服务的决定性因素。这体现了隐性知识服务在社会化活动中的情境属性。

10.3 隐性知识服务中存在的问题

10.3.1 认知及表述问题

隐性知识服务中的主要困难是认知及表述。认知不清使得人们对于问题涉及的知识范围不清楚，对问题认知不清的人意识不到解决问题所需的全方位知识。显性知识易于识别，而感知难以关联，知觉难以精确定位，隐性知识虽然已经内化，成为人们行为和思维方式的自然组成部分，但是人们对于隐性知识的思考往往是无意识的、不经意的过程。隐性知识既复杂又主观，它通常嵌入在个人直觉及个人经验中，难以固化或沟通交流。隐性知识属于非表达领域，因此难以观察或测量（Stover，2004）。

表述的障碍在于隐性知识服务是一种非语言的表述形式。对于某人来说是自然、明显的知识，对于其他人来说却是隐晦、困难的。更多的经验及更深刻的认识形成更高级的隐性知识，而这增加了隐性知识的表达难度。伴随着以上问题出现的障碍是，需要运用专业语言及专业知识来表达隐性知识。在隐性知识服务过程中，需要找到合适的语言来交流和分享经验。在不同的职业群体及商业群体中需要采用不同的术语及行话，进行隐性知识服务需要一种跨越边界的普适表达方式。可以将术语及行话作为隐性知识显性化的途径，还可以采用其他新的形式，例如，根据某人感兴趣的话题及社会化推荐中的共享、推荐和收藏进行隐性知识的交流。在交流过程中，隐性知识不仅难以清楚地表述，而且隐性知识的拥有者甚至不能意识到自己拥有隐性知识，以及不能意识到如何将隐性知识和显性知识进行关联。

10.3.2　耗时问题

耗时增加了隐性知识服务的困难。隐性知识的开发和内化需要经过很长的时间（Teerajetgul 等，2008），对于个人和组织都是如此。目前，社会发展迅速，人们思考的时间越来越少，对个体进行引导及思维培养的时间常常不足。职业生涯的迅速变化需要进行持续的学习，众多个体有义务获得所需的知识。但几乎没有组织会为个体预留充分的时间去获取隐性知识。个体面临的更多压力及目前工作中较短的就业时间也增加了风险，即个体没有充足的时间去获取隐性知识。

隐性知识的组织形式可以在组织生活、组织文化及认知模式中发掘出来。随着时间的推移，通过积极地参与组织及个体层面的隐性知识服务，可以学习组织文化和心智模式。例如，构建共享组织文化并有意识地共享隐性知识。隐性知识的显性化不会持续发生，但是隐性知识可以交流、共享，而社会化对于隐性知识的重要性高于显性化（Haldin-Herrgard，2000）。

10.3.3　价值问题

相对显性知识而言，价值评估是隐性知识服务的另一个障碍。对于多种形式的隐性知识，如直觉、经验，无法进行准确的价值评估。直觉并不符合商业中的相关思想，如理性及逻辑性，因此，其价值难以言明。其他形式，如实践技能，一直备受青睐，但相对于同样程度的认知而言，其价值并不能准确地评估。价值常常需要通过某种测量方式体现，目前人们通过交流沟通可以慢慢学会价值不可测量的事物，诸如知识等。但是对于无形的隐性知识服务而言，即使在今天，其价值也非比寻常。在目前的知识经济中，知识成为市场中有价值的资本。如果这种知识是集体的，那么特别有利于组织的发展，但是大部分人都是出于个人需求而积累知识，并不积极地进行知识服务。从这一方面来说，组织仅仅是个人积累知识的平台，这种情况不利于组织的发展。

10.3.4 距离问题

在目前的工作和生活中，距离增加了隐性知识服务的困难。面对面的交流互动被视为隐性知识服务的前提，但也有例外，例如，国际象棋比赛选手通过研究对手之前的比赛视频也可以形成隐性知识的交流。在这种情况下，隐性知识可以通过中间媒介进行交流。但是最普遍的方法是通过面对面的沟通互动进行隐性知识服务。

随着组织规模的全球化或者区域化扩展，形成了组织的虚拟化及全球化，面对面的交互变得更为例外，成为非普遍情况，这将对隐性知识服务形成更大的障碍。通过现代信息技术可以迅速地扩散显性知识，而隐性知识的交流与扩散可以通过实时通信等先进技术来实现。

针对以上隐性知识服务的社会化属性以及隐性知识服务的不足，应引入社会化推荐，提高隐性知识服务的质量和效率。

10.4 隐性知识服务的障碍

10.4.1 关于障碍的研究现状

社会网络是由社会成员自发形成的人际关系网络集合（姚伟，2014）。在社会网络中，隐性知识的交流行为可以将社会网络中的人关联起来（Suppiah 等，2011）。Collins（2001）指出，将显性知识视为常态，将隐性知识视为例外是值得商榷的。根据他的论述，显性知识是相对的，因为隐性知识以不同速度及不同程度转化为显性知识，这取决于隐性知识的明确及解释程度。将隐性知识转化为显性知识的过程称为显性化。

隐性知识存储在个体头脑中，组织不能以明确的流程保存隐性知识，隐性知识难以交流，难以数字化。另外，组织和个体因为害怕失去权利和优势而不愿意分享隐性知识，即使是知识产权也难以保护这一类型的知识。然而，组织面临的严重问题是人员的流动会造成隐性知识的损失（Boiral，2002）。

Cumberland 等（2010）确定了组织内隐性知识共享的五种障碍。第一种障碍是信任障碍，因为成员是否分享知识是基于接受者是朋友还是敌对关系。第二种是成熟障碍，组织机构在成长过程中会进行知识共享，当进入成熟阶段就很少采取新的想法。第三种是沟通障碍，因为沟通的效果取决于个体根据他的意志来自由传播知识。第四种是竞争障碍，组织及团队、个人之间存在竞争。第五种是文化障碍，个体拥有不同于其他人的信仰和实践。文化障碍会影响知识服务，社会网络文化之间的差异会影响隐性知识服务。

表述的障碍在于隐性知识服务是一种非语言的表述形式。对话的深度和广度影响隐性知识服务的质量。而参与服务的个体的沟通表达能力、领悟能力、知识背景、语言环境等也影响隐性知识服务的效率及效果，影响成员进行隐性知识服务的能力，这些障碍因素来自隐性知识自身原有的特征，并与参与隐性知识服务的各方有关。

10.4.2　障碍的具体类型

通过以上分析可以发现，社会网络中隐性知识服务的障碍包括以下类型。

（1）行为障碍。此类型障碍主要是社会网络成员的行为特征等造成的，包括其沟通能力、表达能力、领悟能力、学习能力等，还包括网络成员是否愿意进行知识服务等。

（2）过程障碍。此类型障碍主要是社会网络成员服务的方式、特征及流程等造成的，包括服务过程中是采用面对面的方式、电话方式、视频方式还是其他方式等，还包括服务过程的情境以及环境因素等是否有益于社会网络成员进行知识服务。

（3）结构障碍。此类型障碍是社会网络的结构特征造成的。社会网络的结构包括传递结构、同质性结构、异质性结构、密集型结构和松散型结构。传递结构意味着社会网络成员互为知识服务的传递节点；同质性结构是指社会网络成员的兴趣、爱好、信仰等趋于相同或者近似；异质性结构是指社会网络成员的兴趣爱好、教育经历、知识背景等不同或有显著差异，但是其知识结构可以形成互补；密集型结构是指社会网络成员间的关系牢固，凝聚力强；松散型结构是指社会网络成员间的关系松散，或者是任务、需求、临时目标等导向的。

（4）文化障碍。此类型障碍主要是社会网络成员的信念、习惯、习俗、思维模式、语言环境、价值观等的差异造成的。

归纳起来，隐性知识服务的障碍如图 10.2 所示。

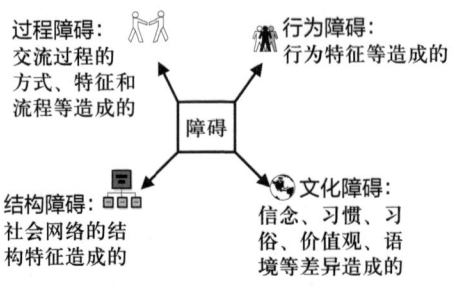

图 10.2　隐性知识服务的障碍

10.5　社会化推荐的内涵及在隐性知识服务中的应用价值

10.5.1　社会化推荐的内涵

社会化推荐指通过社交网络和移动通信设备等，对与自我认知相符合、能凸显其既定意识形态或思想观念的信息或知识等进行推荐的活动过程。推荐源是各种社会化媒体中的信息或者知识；推荐者是参与社会化推荐的人员；推荐途径或渠道是指社交网络和移动通信设备等。

目前，社会化推荐的形式主要包括：社会标引推荐，即人们采用书签对信息及知识进行标注，然后统计书签数据，了解用户需求及关注点，通过个性化定制服务将人们感兴趣的信息或知识进行定向、定时推荐；社会评价推荐，即人们对信息及知识资源进行主观评价，系统根据用户对该信息及知识资源的评价指标，按照由高到低的顺序将这些信息及知识推送给相关人员；人际关系推荐，即人们会在使用信息或知识服务的时候，在社交网络上自发形成虚拟兴趣社区，相互之间形成虚拟的朋友关系，系统会根据某人的信息或知识兴趣及需求，将这些信息或知识推荐给虚拟社区中的成员；复合型推荐，是指将主题分类、关键词标引、社会评价等方式综合运用的社会化推荐（彭红彬等，2009）。

在社会化推荐过程中，通过心理、知识、智力、社会、文化及意识的交流与碰撞，可以形成隐性知识的交流与获取。借助社会化推荐，个体可以发掘推荐人的意识、经验、洞察力、直觉、偏好等隐性知识。信息或知识的社会化包含了个体间的隐性知识服务（Venkitachalam，2012）。个人通过社会网络使隐性知识得以形成社会化交流（Sigala等，2007）。个体的隐性知识只有对群体产生作用时，才能使彼此的隐性知识发生关联与影响，这就需要通过社会化推荐进行点对点式的知识动员，从而形成点对点的知识服务机制，加速知识的流动。Gherhardi和Nicolini（2000）指出隐性知识源于实践社区中的社会化参与，这突出了社会化推荐的作用。隐性知识的交流受到社会化过程的推动，捕捉隐性知识被看作是知识社会化过程的挑战（Mooradian，2005）。

10.5.2 社会化推荐在隐性知识服务中的应用价值

目前，显性知识服务的社会化推荐要求用户向推荐系统提供自己的兴趣偏好信息及个体知识，主要是用户对推荐系统给出的推荐项进行选择、反馈和评价，也包括用户提供注册信息等。但如果用户对信息输入存在心理障碍，将会拒绝输入或者提供简洁的信息及知识，这样用户行为模式往往多于系统输入项。隐性知识的社会化推荐过程是通过自动跟踪、学习用户行为来归纳用户的兴趣偏好及个体知识，用户甚至感觉不到推荐系统的存在，从而减少了隐性知识服务中存在的耗时问题。

隐性知识服务中的社会化推荐利用社交媒体，将个性化的信息及知识推送给相关人员。相关人员的推荐、共享、收藏及转载等都会增加推荐者的知名度和自我实现的满足感等，这也增加了推荐者进行再次推荐的动力和愿望。通过这种持续的推荐过程或者推荐行为，形成了直接或者间接的隐性知识服务。这体现了社会化活动中隐性知识服务的功能属性，也减轻了隐性知识服务中存在的价值问题。

隐性知识服务中的社会化推荐所需的信息及知识包括用户行为分析（消费行为、操作行为、访问行为、浏览行为等）、Web 日志挖掘（获取页面点击次数、驻留时间、访问顺序及优先级等）、购物车信息、当前及历史消费信息等，社会化推荐将这些用户偏好及知识转化为反映用户兴趣偏好的模式并应用于推荐生成。当进行动态的社会化推荐时，通过观察、模仿来共享经验，就形成了个体间的隐性知识服务（Matschke 等，2012）。隐性知识的学习是社会化过程，包括对技术熟练者的观察和效仿（Janowicz-Panjaitan 等，2009）。通过个人关系和社会网络，可以获取隐性知识（Zook，2004）。这体现了社会化活动中隐性知识服务的现象属性，有利于解决隐性知识服务中存在的认知及表述问题。

社会化推荐是实现隐性知识服务可视化的重要方法。社会化推荐利用基于互联网或者移动通信设备的软件工具，使用户可以实时且不受地域空间限制地公布信息及知识并彼此进行推荐、评价。在这种方式下，个人可以进入特殊兴趣小组，即实践社区，通过协同努力实现隐性知识的传播和交流。例如，个体浏览网络知识社区，可以对相关知识和文化加深理解。同时，通过浏览其他人或者社区推荐的信息及知识，可以实现隐性知识的交流。在这种方式下，通过网络知识社区范围的社会化推荐，可以以持续方式实现隐性知识的交流、提取和开发。这体现了社会化活动中隐性知识服务的现象属性及情境属性，有利于解决隐性知识服务中存在的距离及耗时问题。

将社会化推荐应用到隐性知识服务中，可以有效地改善目前隐性知识服务中存在的问题。社会化推荐系统应用某种计算机技术，如机器学习、数据挖掘、自然语言理解等，收集和分析人们在各种社会化媒体（如博客、Wiki 站点、问答专区）中的交互行为产生的信息及知识，发掘用户的隐性知识模式并构建用户间的社会网络，据此为用户提供推荐服务，同时完成隐性知识的交流过程。隐性知识服务中采用社会化推荐的优势在于：用户无须参与数据输入和提供，消除了用户输入兴趣偏好模式的成本（耗时、认知及表述问题等）；用户间通过社交媒体进行互动并自动形成隐性知识服务，解决了隐性知识服务中的距离问题；对隐性、复杂且难以表述的模式（如个人品味）进行过滤，消除了隐性知识服务中的认知及表述问题；将各种隐性模式结合起来，生成更精确的兴趣偏好行为模式，有利于解决隐性知识服务中的认知、表述及价值问题。

10.6　社会化推荐在隐性知识服务中的工作机理和隐性知识服务算法

10.6.1　社会化推荐在隐性知识服务中的工作机理

社会化推荐是基于与目标用户有相似兴趣偏好的其他用户对某信息及知识的观点来判断该信息及知识对目标用户是否有价值，进而决定是否将该信息及知识推荐给目标用户，以形成隐性知识的交流。其交流机制如图 10.3 所示。

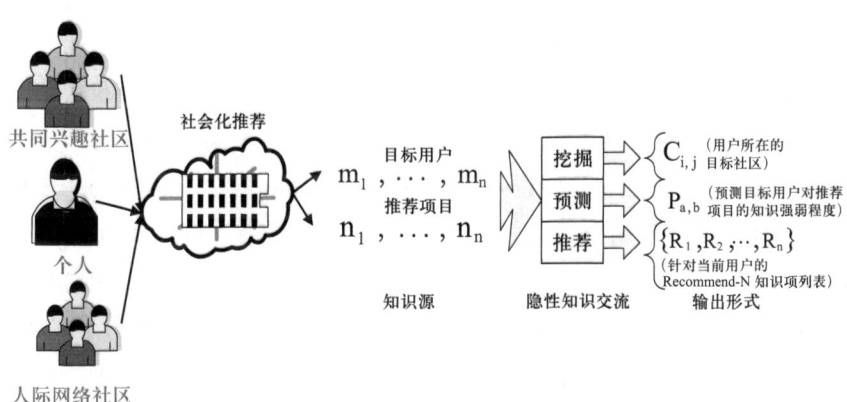

图 10.3　面向社会化推荐的隐性知识服务

面向社会化推荐的隐性知识服务依赖于显性推荐知识源和隐性推荐知识源，通过构建用户 - 推荐项目的隐性知识矩阵 R（m，n）（m 为用户数，n 为推荐项目数），使用统计技术和挖掘技术，寻找与目标用户有相同或相似兴趣偏好（例如，对不同推荐项目的偏好相似或推荐行为模式相似）的用户社区（C_{ij}），在用户群体将目标项目推荐给目标用户的过程中，形成隐性知识服务，进而将富含隐性知识最多的前 N 项推荐项目作为推荐集反馈给用户（Top-N 推荐）。其基本思想是用户会对用户社区所喜欢的事物产生兴趣，通过多重用户的推荐形成隐性知识的交流。因此，用户推荐行为发生越多，隐性知识服务的质量越高。

10.6.2　隐性知识服务算法

随着推荐数量和用户量呈指数级增长，对于单一用户隐性知识矩阵 $m \times n$ 或者不参与社会化推荐的用户而言会出现以下情况：隐性知识矩阵极度稀疏，这将导致无法搜索到某些用户的最近邻居，无法形成高质量的推荐；由于是以单一用户隐性知识矩阵 $m \times n$ 来进行推荐，因此难以满足社会化推荐模式下的跨行业、跨兴趣、跨行为模式等特性的要求；无法挖掘出用户之间、兴趣之间的隐性关联或者隐性知识模式等，无法采取跨社区的推荐行为，不能体现出社会化推荐的优势；等等。基于以上情况，本研究针对社会化推荐环境下的隐性知识服务，设计面向社会化推荐的隐性知识服务算法。

面向社会化推荐的隐性知识服务算法可以划分为如下三个阶段。

（1）知识描述：对同一社区的不同用户产生不同的推荐行为进行建模，建立 $m \times n$ 阶用户矩阵，m 是社区序列，n 是社区 m 中的用户序列。对不同社区的用户产生不同的推荐行为进行建模，则表示为 $C_{m,n,w}$，m 是社区序列，n 是社区 m 中的用户序列，w 是推荐项；社区集合表示为 $C_z = \{C_{m,n,1}, C_{m,n,2}, \cdots, C_{m,n,w}\}$，$w \leqslant z$。$F_{w,i}$ 代表第 w 个社区的第 i 个用户，$F_{w,i} = \{h_{1,1,1}, h_{1,1,2}, \cdots, h_{w,i,e}\}$ 代表第 w 个社区第 i 个用户的知识属性或者行为模式属性，$h_{w,i,e}$ 表示第 w 个社区第 i 个用户的第 e 个推荐知识项。

（2）k-最近邻搜索：搜索当前社区的 k 个最近邻居（社区及其用户），目标就是对社区 $C_{m,n,w}$ 在整个社区集合 C_z 中搜索 k 个最近邻居 $V_1 = \{C_1, C_2, \cdots, C_w\}$，$V_2 = \{v_1, v_2, \cdots, v_k\}$，$u \notin V$，$V_3 = \{v_1, v_2, \cdots, v_k\}$，$u \notin V$，使得 $sim(C_{1, \cdots, k}) > sim(C_{k+1, \cdots, z})$，$sim(u, v_{1, \cdots, k}) > sim(u, v_{k+1, \cdots, m})$，$sim(i, v_{1, \cdots, k}) > sim(i, v_{k+1, \cdots, m})$，$m$ 为项目总数。

（3）推荐产生隐性知识服务：对不同社区的兴趣模式进行挖掘和匹

配。具体如下。

$$C_1=\begin{bmatrix}F_{1,1}\\F_{1,2}\\F_{1,3}\\F_{1,4}\end{bmatrix}=\begin{bmatrix}h_{1,1,1} & h_{1,1,2} & h_{1,1,3} & h_{1,1,4}\\h_{1,2,1} & h_{1,2,2} & h_{1,2,3} & h_{1,2,4}\\h_{1,3,1} & h_{1,3,2} & h_{1,3,3} & h_{1,3,4}\\h_{1,4,1} & h_{1,4,2} & h_{1,4,3} & h_{1,4,4}\end{bmatrix}$$

$$C_2=\begin{bmatrix}F_{2,1}\\F_{2,2}\\F_{2,3}\\F_{2,4}\end{bmatrix}=\begin{bmatrix}h_{2,1,1} & h_{2,1,2} & h_{2,1,3} & h_{2,1,4}\\h_{2,2,1} & h_{2,2,2} & h_{2,2,3} & h_{2,2,4}\\h_{2,3,1} & h_{2,3,2} & h_{2,3,3} & h_{2,3,4}\\h_{2,4,1} & h_{2,4,2} & h_{2,4,3} & h_{2,4,4}\end{bmatrix}$$

对 C_1 和 C_2 两个社区进行数据挖掘与匹配：

$$(C_m^1+C_m^2+\cdots+C_m^m)\times(C_n^1+C_n^2+\cdots+C_n^n)=\sum_{i,j}C_m^i C_n^j (i=1,2,3,\cdots,m;j=1,2,3,\cdots,n)$$

$$=C_n^0+\sum_{k=1}^{n}C_n^k$$

$$=1+\sum_{k=1}^{n}C_n^k$$

通过社区间的模式挖掘和匹配可以得出，社区间隐性知识模式的耦合程度或者关联级次为 $1+\sum_{k=1}^{n}C_n^k$，而对这些知识进行遍历，可以得出社区、社区用户隐性知识服务的总数和频率。

10.7　隐性知识服务模型

10.7.1　面向社会化推荐的隐性知识服务模型

人们通过社会网络进行信息或知识的推荐，信息或知识的被推荐程度会影响其进行社会化推荐的积极性或者愿望。当人们开始关注某人推荐的信息或知识时，会形成隐性知识的交流，而关注程度越高，越会促使某人进行进一步的隐性知识分享和交流。某人在利用社交网络进行隐性知识服务的过程中，能够达到马斯洛需求层次中的自我实现需求层次，并提高知名度或影响力，这又进一步促使其对未交流的隐性知识进行分享。

在社会化推荐过程中，某人出于兴趣或者喜好等对信息或者知识进行推荐的时候，并没有涉及其经济利益，在推荐过程中不会考虑到知识流失或者个体竞争力丧失等因素，这样其推荐的信息或者知识的关注者越多，从而进一步激发其推荐和分享的动力。参与社会化推荐的人员不仅仅是个体进行推荐或贡献，同时还享受相应的社会化推荐服务，即按照通过其推荐内容而提取的个人及社区隐性知识模式或认知模式而进行相应的社会化推荐服务。在社会化推荐中的隐性知识服务不同于商业模式中的隐性知识转移，是人们自发行为的体现和反馈，参与者不会考虑其隐性知识的流失损失或者共享成本，因而有利于隐性知识的自由交流。

如图 10.4 所示，该模型主要包含以下部分：网络知识社区 C_1、C_2……C_n 和社区中的用户，例如，社区 C_1 中的 $F_{1,1}$、$F_{1,2}$、$F_{1,3}$ 及社区 C_2 中的 $F_{2,1}$、$F_{2,2}$、$F_{2,3}$ 等；不同社区中用户推荐度高的知识项，即让人们收获大的知识项，例如，社区 C_1 中用户 $F_{1,1}$ 推荐度最高的知识项为 $h_{1,1,1}$，其次是 $h_{1,1,2}$，以此类推。

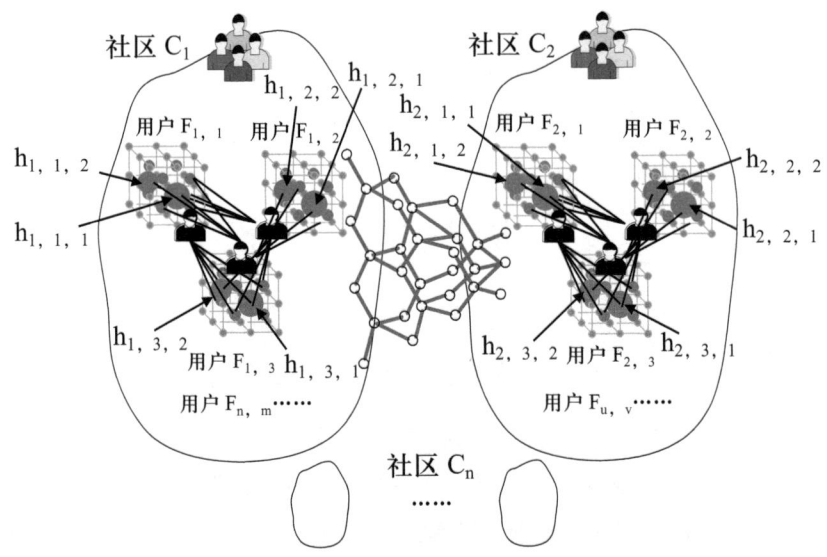

图 10.4　面向社会化推荐的隐性知识服务模型

在社区 C_1 中，用户 $F_{1,2}$、$F_{1,3}$……$F_{n,m}$ 通过社区发现 $F_{1,1}$ 的知识项 $h_{1,1,1}$，进行阅读或者观看后收获很大，便加以分享、收藏、评价和推荐。这就使得知识项 $h_{1,1,1}$ 的推荐度及影响力提高，而这一过程无须用户 $F_{1,1}$ 的干预。由于社区 C_1 中用户的兴趣相似，社区用户彼此之间具有相似的话语体系和思维方式，因此，其他用户通过社区用户的推荐而关注知识项 $h_{1,1,1}$，对其进行学习、观摩、模仿，进而形成社区内（$F_{1,1} \rightarrow F_{1,2} \rightarrow F_{1,3} \rightarrow …… \rightarrow F_{n,m}$）的隐性知识服务。与此类似，社区 C_2、C_3……C_n 内也会形成基于社会化推荐的隐性知识服务。

社区 C_1、C_2……C_n 虽然是具有不同兴趣的网络知识社区，但是正是由于各自的关注点不同，会形成知识经验的互补，这就促成了不同社区之间的隐性知识服务。通过社会化推荐，在社区 C_2 的用户由于个体需要，关注社区 C_1 中推荐度高的知识项，如 $h_{1,1,1}$、$h_{1,2,1}$、$h_{1,3,1}$……$h_{n,m,1}$，其对该知识项进行学习后确有收获，又在社区 C_2 内对 C_1 中的知识项进行评价和推荐，使得社区 C_1 中的知识项在 C_2 内通过社会化推荐形成隐性知识服务。因此，通过社会化推荐会形成不同社区之间的隐性知识服务，即 $C_1 \rightarrow C_2 \rightarrow …… \rightarrow C_n$。

通过分析影响隐性知识服务的社会化属性和目前隐性知识服务中存在的问题，运用社会化推荐，可以提升隐性知识服务的效率和质量。其创新之处在于利用社区、社区用户及社区用户知识项的优先级设计面向社会化推荐的隐性知识服务矩阵，构建面向社会化推荐的隐性知识服务模型，从社会化推荐的视角对隐性知识服务进行研究。本研究仅从理论上初步探讨了如何利用社会化推荐来进行隐性知识服务，没有进行案例分析和实证研究，在今后的研究中，可以针对具体的社交媒体进行统计分析和数据发掘。

10.7.2　面向社会网络的隐性知识服务模型

为了便于进行隐性知识服务，需要构建高质量的社会网络，这就需要营造开放、信任、活跃、便捷、随意的社会网络环境，使网络成员可以突破个体及网络边际、社群、关系圈、非正式关系等的限制。为了突破限制，可以引入实践网络社群，其由非正式的社会网络成员自主选择的群体构成，网络社群中的成员之间有共同关心的事情和问题。在实践网络社群中，成员通过不同的服务方式来深化或升华对某一特定领域隐性知识的领悟和理解。实践网络社群有利于网络成员和专家之间进行社交性和非正式的沟通；有利于增进集体智慧，提供有利于知识创新的头脑风暴平台；使个体隐性知识显性化；可以减少隐性知识服务的时间和精力。

在社会层面上，网络实践社群使网络成员能够遇到与自己的兴趣、想法和价值观等相似的其他成员，这会为网络成员提供身份认同感、归属感、信任及信心等，进而为成员提供不断优化的隐性知识服务平台。在个体层面上，实践网络社群可以直接帮助成员快速解决问题，发展成员的职业技能，传递最佳范例，开发个人潜能及兴趣爱好，使成员摆脱自身的现实角色去思考，从而突破自身的局限。

科技型中小企业通过内外网络的互动交流，将隐性知识嵌入实践网络社群中。不同成员的隐性知识都与其观念、经验和最佳实践有关，而这些隐性知识的拥有者通过或强或弱的社会关系联系在一起。这些社会关联融入了隐性知识，并将隐性知识紧密融合起来。由于社会关系和认知结构的联系错综复杂，其他的竞争者难以模仿，这就形成了个体竞争优势的潜在来源。

隐性知识比显性知识更具有价值，因为它难以被竞争对手模仿。隐性知识是独一无二的，它的价值取决于获得竞争优势而产生的潜在贡献。隐性知识和记忆中的概念之间存在微妙关系（Meyer 等，2007）。隐性知识的关联结构被定义为隐性知识是如何相互关联的，而通过采用不同的专业技术，可以获取社会网络成员的隐性知识。社会网络通过不同的工具来促进隐性知识服务，这些工具包括博客、维基、播客、视频播放、社交网络、社会书签、多媒体共享工具、RSS 等。

本研究通过分析社会网络中隐性知识服务的要素、方式及实践网络社群等，设计了面向社会网络的隐性知识服务模型，如图 10.5 所示。

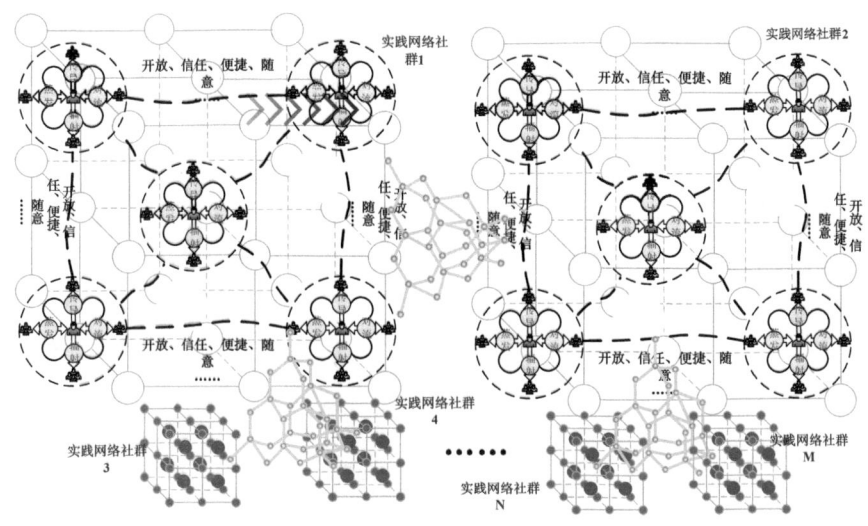

图 10.5　面向社会网络的隐性知识服务模型

在社会网络中，可以通过任务、事件或者话题导向将网络成员连接起来。在处理网络成员关系的时候，可以采用社群协调者的方式，协调网络成员之间的关系，增进开放、互信和便捷，促进沟通与服务，进而实现隐性知识的交流。本研究从隐性知识入手，以隐性知识的分类及特点为基础，针对社会网络中隐性知识的障碍类型，设计了隐性知识服务的方式，并构建了社会网络中隐性知识服务的模型。

此外，实践网络社群中的边界是动态的，具有可渗透性，这是基于社群资源的选择，以便适应不同的动态环境。社会网络中实践网络社群的形成是以资源为基础的，通过网络边界及环境的变化可以促进网络中嵌入的隐性知识资源的配置优化，而隐性知识资源的配置优化又增强了实践网络社群的凝聚力和吸引力，促进了社群边界的不断发展。

本研究的模型绝不是一个涵盖了所有社会网络中隐性知识服务影响因素的复杂框架，而仅仅是在文献分析的基础上，对隐性知识服务问题的初步探索。另外，本研究隐含的观点是：在社会网络中，由于不受利益竞争、权力斗争、正式组织规则等的控制和影响，社会网络成员可以开诚布公地进行隐性知识服务，而且社会网络中的隐性知识服务还可以作为个体竞争优势的来源之一，使其获得满足感、自我实现感或身份认同感等。

需要指出的是，社会网络中的思想领袖、隐性知识的中坚力量、隐性知识服务的主体如果出现衰退或者迁徙，那么其所在的社会网络也就走向了衰落。社会网络也具有生命周期，为了保持社会网络的生命力，应实现社会网络中隐性知识服务节点的去中心化或者分散化，以便在某一中心出现问题后，可以由其他节点平稳替代或补充。对此。后续需要收集相关数据进行相应的实证研究。

第 11 章 》》》》》》

科技型中小企业全价值链知识服务

随着信息技术的发展以及知识经济的不断推动，为了满足全价值链中知识共享与创新的需求，以顾客驱动为核心的知识服务应运而生。全价值链服务通过对知识、技能、思想等资源的蓄积，使整个流通过程能灵活应对市场变化，从而创造全价值链价值。近年来，国内有关全价值链中顾客知识服务的研究逐渐升温。从研究领域与研究内容上看，部分学者主要是探讨顾客知识服务概念本身，着眼于对顾客知识服务的定义与特征进行理论挖掘，较少从其他领域来剖析顾客知识服务流程。本章将运用精益思想的理念，从全价值链中顾客知识服务的流程出发，深入分析全价值链中的顾客知识服务。

从精益思想的视角研究全价值链中顾客知识服务的流程，不仅有助于改善全价值链中顾客知识服务过程中存在的不足以推动其发展，而且有助于为全价值链中顾客知识服务的相关研究提供新的思路与借鉴。为了探索以上问题，本章对有关精益思想、全价值链中顾客知识服务的文献进行了回顾。本章的目标是通过相关文献梳理，分析精益思想如何影响全价值链中的顾客知识服务，提出问题并得出主要结论。为了实现研究目标，本章结构如下：论述精益思想的研究现状；分析全价值链中顾客知识服务面临的问题；探讨精益思想如何与全价值链中的顾客知识服务融合，并试图构建相应的模型；提出全价值链中顾客知识服务精益模型的实施策略；得出主要结论。

11.1 精益思想及知识服务现状

精益思想源于精益生产，精益思想模式就是区别组织中的"浪费"和"价值"，定义及消除浪费是精益思想的核心特征。知识服务以顾客需求为中心，从顾客角度出发，对知识服务过程进行持续优化，最大限度地消除服务过程中存在的浪费，灵活高效地为顾客提供所需要的知识。

Womack 等（2010）将"精益思想"和"精益"的概念合在一起，为企业提供了实例，并建议将精益原则作为组织的框架，以取代大规模生产方式。在这以后，精益思想的运用已经从制造部门、销售部门等逐渐发展到服务部门和服务行业，并发挥了很好的效用（Stone，2012）。精益思想消除浪费、创造价值的核心理念，使其能够突破传统制造业的范畴，在知识服务中得到广泛的传播与应用，最终形成精益知识服务模式，如图 11.1 所示。

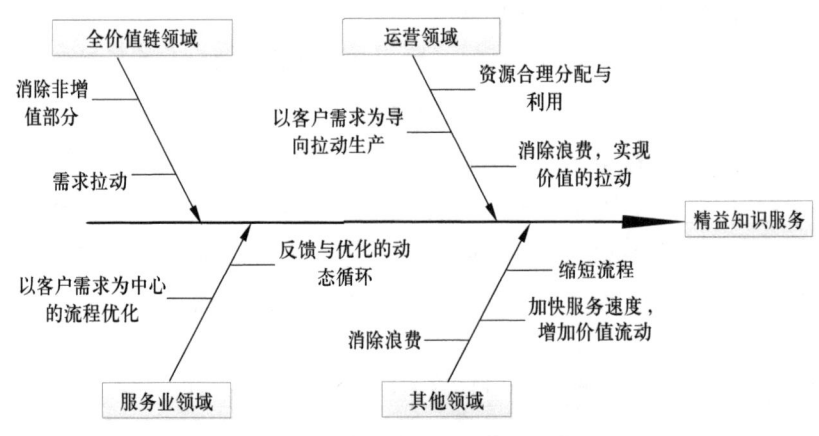

图 11.1 精益思想及知识服务的聚焦

精益思想的应用具体包括以下领域。

（1）20 世纪 90 年代，服务业开始引入精益思想。Womack 等（1996）对消费者在实际消费环境下所遇到的各种问题进行了考察与研究，总结了企业为顾客提供服务的过程中出现的浪费及暴露出的问题，将精益思想引入服务行业以优化服务流程，改善服务质量。此后，Bowen 等（1998）通过对精益内容的深入调查与不断验证，将精益与服务行业结合起来，在服务过程中以顾客需求为中心不断优化流程，形成及时反馈与不断优化的动态知识服务循环方式，提高顾客满意度并满足顾客需求。

（2）在物流与全价值链领域，物流管理学家通对精益方式的研究以及对精益思想的借鉴与运用（Lee，2000），将物流管理与精益相结合，先后提出了"精益供应""精益物流"等概念（拉明，2003）。即根据精益思想的内涵，找到并消除生产和供应过程中的非增值部分，实现顾客需求拉动及物流供应的全面优化，并且全价值链成员可以通过知识服务获取有用的知识（王道平等，2013）。

（3）在运营领域，同样也常常面临着大量的问题：首先，企业能力不足，既不能满足顾客需求，又不能保证产品质量以及交货时间，还会导致员工的工作效率降低（齐二石等，2009）；其次，库存积压使得产品和资金得不到充分的流动，既无法带动生产，创造更大的效益，也不能使产品质量达到要求。企业在知识服务过程中引入精益思想，可以实现对企业内部知识资源的合理分配与利用，充分发挥出人的重要性，以顾客知识需求为直接导向拉动知识服务，实现知识价值的流动，从而达到降低成本和提高产品质量水平等一系列目标。

（4）精益思想的哲学体系（Angelis 等，2012）适用于众多行业，其主要的优势是进行需求拉动，消除浪费，促进价值的流动，其目的是消除浪费，减少在制品库存，缩短流程和制造前置期，最终增加供应的速度和流动性。

11.2　全价值链中知识服务关注的问题

全价值链中对知识的需求不断增加，推动着顾客知识服务研究的发展。与此同时，人们对专业化、个性化、创新性与集成性的顾客知识服务的需求不断增加，使得其面临的挑战增加，而全价值链中顾客知识服务过程中要关注的问题也越来越多。

按照精益思想来剖析，全价值链中顾客知识服务过程中需要考虑以下问题。

首先，顾客知识服务是基于全价值链成员的知识需求，全价值链成员如何准确表述出知识需求是全价值链成员知识服务流程中的关键步骤。与此同时，知识服务提供者能否精确把握顾客需求也是知识服务流程中的关键问题。如果知识服务提供者不能准确把握顾客真正的知识需求，那么从精益思想来看其后的全价值链成员知识服务步骤都是浪费，反而造成了知识服务的成本浪费和消耗。

其次，全价值链成员的知识需求往往是综合性的，因此需要考虑全价值链成员知识服务异质性的问题。以知识为基础的资源在全价值链成员知识服务过程和解决方案的制定中存在高度的不确定性，这就需要针对不同的需求制定不同的解决方案。

再次，全价值链成员的知识需求随着时间及客观环境的变化而变化，仅通过知识应用后的反馈来完善知识产品的功能无法实现知识产品价值的不断流动。从知识获取之后的知识提炼到知识应用这一阶段，与不断变化的客观环境相比，需要的时间相对较长，而在这个阶段中知识服务提供者与顾客的直接沟通形成了"真空"状态，这势必会造成知识产品实效性的降低，最终会导致无法很好地满足顾客的知识需求。

最后，由知识服务提供者创造出的知识产品是否能真正为顾客所理解并充分发挥应有的作用，也是全价值链成员知识服务流程中不可忽视的问题。知识服务提供者根据顾客需求，运用各方面的知识进行加工并最终创造出知识产品的这一过程，是以知识服务提供者的知识体系为基础的，由于顾客的知识体系往往不能与知识服务提供者的完全一致，因此顾客在理解知识产品及运用知识产品中肯定会存在阻碍，这势必会影响知识产品的效果，降低其服务效率。

11.3　理论融合及模型构建

11.3.1　两者融合

全价值链知识服务依托各种显性及隐性知识资源，以全价值链成员的知识需求为驱动，挖掘和创新有价值的动态知识资源，并在知识服务平台中为知识需求方提供增值服务。全价值链成员知识服务的本质是为顾客提供增值的解决方案，以顾客的知识需求为核心，通过搜集、整理、加工与分析各类信息，提炼出有价值的信息及知识。全价值链成员知识服务最重要的三项本质特征是：以顾客需求为核心，以解决顾客问题、满足顾客需求为目标，以灵活多变、动态连续的模式贯穿整个解决问题的过程。反观精益思想，其核心也是以顾客需求为拉动，并通过一系列现代化技术与独特的管理理念，最大限度地消除不能为顾客增值的浪费，充分、有效地利用各种资源，以较少的人力、物力、时间等创造出尽可能多的价值。

通过对全价值链成员知识服务与精益思想两者的比较可以看出，全价值链成员知识服务和精益思想这两种理念在特征上具有极大的相似点，并且拥有较为完美的互补性与融合性，如图 11.2 所示。精益思想作为一种哲学体系，要求在每个业务处理过程和产品服务中不断超越，做到最好。因此，在现有的全价值链成员知识服务中融入精益思想，可以充分、具体、深入地了解顾客的知识需求，确定全价值链成员知识服务活动的开展方式，消除全价值链成员知识服务过程中存在的大量重复、不必要、对顾客需求无用的环节，以顾客需求拉动知识服务的过程，让知识价值流动起来，并通过顾客反馈来持续改善与提高全价值链成员知识服务的质量。

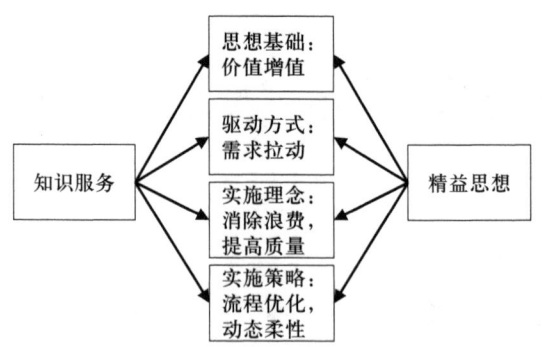

图 11.2   全价值链成员知识服务与精益思想的理论融合

11.3.2   全价值链知识服务流程

基于精益思想，本研究对全价值链知识服务流程进行优化和改善，将全价值链知识服务流程归纳为需求表征、知识集成、知识融合及显性化、知识服务反馈四个基本环节，如表 11.1 所示。

表 11.1   全价值链知识服务流程基本环节

序号	名称	描述
1	需求表征	对顾客进行采访与调查，收集顾客的知识需求。对顾客所处的环境和情境及其表现出的行为等进行表征，并建立数据库，存储顾客需求
2	知识集成	对不同结构、不同层次、不同来源及内容的知识进行筛选、组织、加工与处理、集成等
3	知识融合及显性化	对知识因子进行重组和汇聚，对信息及知识进行深度融合及显性化
4	知识服务反馈	及时修正与完善知识产品的功能，提高知识产品的质量以及顾客的满意度

11.3.3   全价值链知识服务模型

全价值链成员间的知识服务过程是知识积累的过程，通过彼此的深度合作与协同，可以使成员的配合更默契，协调能力更优化，进而形成知识资源的集成模式。运用精益思想的理念去剖析全价值链成员知识服务的全过程，解决其存在的问题，将推动知识服务向实践转化，提高全价值链成员知识服务整体的质量，使之能更及时、准确地满足顾客的知识需求，创造更大的价值。具体如图 11.3 所示。

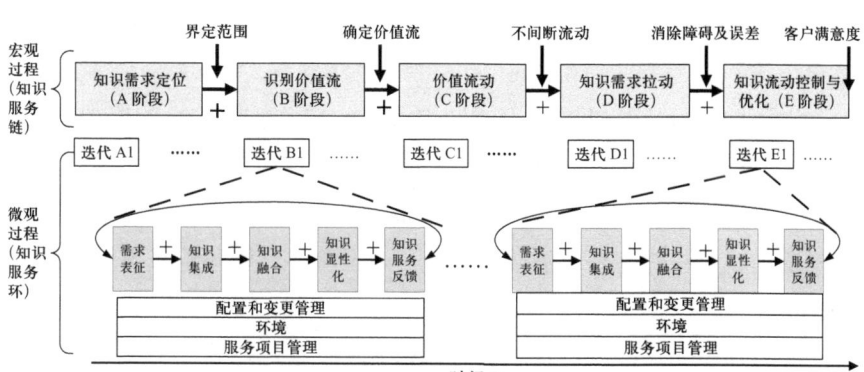

图 11.3　全价值链知识服务精益模型

宏观过程是全价值链成员知识服务精益模型的总体，是知识服务的生命周期，是微观过程的控制框架。宏观过程和微观过程的关注点不同，宏观过程关注的是总体的全价值链成员知识服务周期，而微观过程关注的是具体的环节和步骤。宏观过程规定了一些可以测量的活动，可以让全价值链成员知识服务提供者对知识服务过程进行风险评估，并尽早对微观过程进行调整，以便为顾客提供优质服务。

宏观过程的主要目的是指导全价值链成员知识服务的整体流程，直到最终满足顾客的知识需求。宏观过程可以从两个维度进行设定，即时间与内容，时间是指什么时候做，内容是指做什么。时间这一维度描述了知识服务的整个过程，可以从步骤、阶段和迭代方面来展开。内容包括参与者、任务和工作产品，可以从知识服务的阶段问题、知识服务的阶段成果等方面考虑。

宏观过程构成了精益模型中的全价值链成员知识服务链（简称宏观链）。全价值链成员知识服务链包括以下阶段。

（1）知识需求定位。确定全价值链成员知识服务流程该做什么，形成并保持与顾客及相关受众的一致意见。阶段性成果是确定了知识需求的边界及范围。

（2）识别价值流。分析从知识资源转化为满足顾客需求的知识产品或者服务的一整套业务处理过程，包括增值和非增值活动，根据价值流重新部署全价值链成员知识服务的相关活动。阶段性成果是确定了价值流。

（3）知识价值流动。使形成知识价值的相关活动或步骤流动起来。阶段性成果是实现活动或者步骤的不间断性。

（4）知识需求拉动。根据顾客的知识需求进行投入及产出，使顾客在指定的时间精确地获取需要的知识产品及服务。阶段性成果是消除障碍及误差。

（5）知识流动控制与优化。对知识流动过程进行控制与优化，从而保证全价值链成员知识服务的顺利完成，满足顾客需求。阶段性成果是提高顾客满意度。

宏观过程中的"+"表示全价值链成员知识服务的过程会形成收益递增，即交流的知识越多，思维拓展得越快，从而带来的价值就越大。

精益模型的宏观过程驱动着微观过程，为微观过程的全价值链成员知识服务活动提供了输入，并利用了微观过程的相应输出。从知识服务提供者的视角出发，每一阶段的微观过程分为需求表征、知识集成、知识融合、知识显性化、知识服务反馈等若干活动，这也称为全价值链成员知识服务环（简称微观环）。这些活动构成了宏观过程中每一迭代环节的步骤，宏观过程的每一阶段可以包括若干迭代环节，直至阶段性成果达成为止。每次迭代都让全价值链成员知识服务参与者有机会积累经验，一次迭代中出现的问题可以在后面的迭代中解决。每次迭代都会对全价值链成员知识服务过程和知识服务组织方式中的有效及无效部分进行评估，进而消除全价值链成员知识服务活动中的障碍及误差，这些评估结果还可以用于改进和优化下一次的迭代过程。

每一迭代环节涉及以下三个方面。①配置和变更管理。识别并标识出配置项，包括资金、人员、时间、相关设备等，控制并管理对配置项的变更。②环境。提供全价值链成员知识服务的环境，包括支持服务团队的过程或工具、技术等。③服务项目管理。管理全价值链成员知识服务项目，包括计划、人员配置、风险评估、资源分配、风险管理等。

微观过程中的"+"表示迭代环节中全价值链成员知识服务活动的

循环过程会形成价值递增，即知识沟通交流得越多，隐性知识的协同效益越大，从而带来的价值就越大。

11.4　全价值链知识服务模型实施策略

在全价值链成员知识服务精益模型的实践过程中，需要良好的实施策略，以确保实施过程的顺利进行。全价值链成员知识服务是在全价值链中为促进产品或服务的推广和应用而在成员间进行的知识服务活动。全价值链内的知识服务需要在供应链节点间进行知识的共享与交流，高水平知识服务的嵌入会促进全价值链成员的协同，使成员之间建立强关系链接。

11.4.1　知识需求确定

全价值链成员知识服务始于顾客提出需求，结束于顾客得到满意的解决方案，应用知识产品并充分发挥其效用。知识服务提供者根据顾客需求精确定位知识需求是整个服务过程的基础与起点。在这个环节，知识服务提供者应该从多角度引导顾客准确地表达出知识需求。

同时，知识服务提供者应当不断与顾客沟通，深入分析并挖掘顾客提出的问题，找到其核心需求并初步定位知识需求。然后，知识服务提供者还需要在继续交流的过程中对知识需求的初步定位进行不断的修正，这样才能精确地把握住顾客的真实需要。在此基础上，知识服务提供者需要以顾客的观点去确定整个服务过程的价值，并初步确定解决顾客问题所需要的相关知识。

11.4.2　知识流分析

以充分把握顾客知识需求为前提，知识服务提供者可以借助精益思想中的价值流图，识别出全价值链成员知识服务过程中的知识流，并画出知识流图。知识服务提供者可以根据画出的知识流图对全价值链成员知识服务的具体过程进行分析，判断出解决顾客问题应该需要哪些方面的知识，并且识别哪些流程可以实现知识流的价值增加，哪些流程造成知识流的价值浪费。

根据具体问题，组织不同知识背景的全价值链成员知识服务专家进行交流与探讨，提炼出所需知识。在最终确定所需的背景知识之后，知识服务提供者运用精益思想中的价值流分析方法，站在全局的角度来审视全价值链成员知识服务中的知识流程，识别出流程中无效率、对解决顾客实际问题无用的步骤，进而将其消除。

11.4.3 知识产品价值拉动

在全价值链成员知识服务过程中以知识需求为导向拉动知识流，能迅速找到全价值链成员知识服务过程中真正增值的活动，减少全价值链成员知识服务产品生产的时间，更重要的是能够促使知识产品质量的提升。在此过程中，通过知识服务提供者与顾客之间的动态交流，让整个知识产品的价值流动起来，使全价值链成员知识服务流程的每个阶段都发挥最大的价值，消除知识产品失效而导致的浪费。

知识服务提供者创造出顾客所需的知识产品之后，关键的步骤是充分与顾客沟通，确保顾客能够充分理解知识产品的作用与价值，并指导顾客具体使用知识产品，最终使顾客将知识产品独立运用于实际问题之中，使知识产品充分发挥价值。

与此同时，顾客通过自己的视角与解决实际问题的效果来评价知识产品。知识服务提供者应当根据顾客的反馈及时地调整知识产品，达到以顾客拉动价值的目的，确保知识产品能够最大效率地发挥其应有的功能。

11.4.4 服务过程优化

在知识产品最终解决顾客问题之后，知识服务提供者应继续保持与顾客的交流沟通，根据顾客反馈来反思全价值链成员知识服务流程中暴露出的问题，找到整个阶段中能改进和优化的步骤或环节，并在下一次全价值链成员知识服务的过程中实现优化。只有这样，才能使知识服务提供者不断总结出经验与教训，不断进步，提升整个知识服务流程的质量。

第 12 章 >>>>>>>

科技型中小企业知识服务生态与运行机理

创新型生态具有创新的体系，是创意的孵化器，因为有不同区域、不同知识背景和不同社会阶层的人在这里进行交互，这为创意和发明提供了空间，为知识服务提供了契机。知识服务为创新型生态的形成与发展提供了驱动力，而知识服务的创新型生态恰恰是知识资本化的过程。知识资本化表明知识转化为了资本，这是由生产机构本身的内在动力形成的。从偶然事件转变为系统的必然事件是知识资本化需要经历的过程，这一过程意味着知识需要有实现资本化的途径及方法。大学及科研机构、科技型中小企业、政府及公共部门正在通过知识服务实现知识资本的转移、积累、融合与创新，进而形成创新型生态并日益完善。基于此，本章将三螺旋理论引入知识服务的创新型生态中，为知识服务创新型生态的相关研究提供理论支持。

◁12.1 三螺旋创新型生态

创新型生态是科技型中小企业发展知识化和高级化的产物，其实现了高水平且专业化的知识获取、知识交流、知识创新、转移及应用（朱凌等，2008）。创新型生态以知识性、创新性为主要特征，并以密集型知识服务业作为主导产业（尤建新等，2011）。创新型生态的建设离不开知识的创新及围绕知识而形成的相关服务。三螺旋是一种创新模式，是指大学及科研机构、产业及商业机构、政府及公共部门三方在创新过程中相互协同、彼此互动、紧密合作，同时这三方在协同互动过程中都保持自身特有的独立身份和价值体系（埃茨科威兹，2005）。

从社会网络视角看，三螺旋在开放、流动、竞争、协作的机制下，利用社会网络的运行路径使得创新知识主体实现协同交流（周春彦等，2011）。三螺旋将推动大学、产业及政府三方的协调、沟通与互动。大学及科研机构是知识服务创新型生态的基地；产业及商业机构是创新型生态建设的主要执行者，是知识的应用者和实践者；政府是创新型生态的总规划师。三螺旋中的这三方相互作用、地位平等，形成密切联系的社会网络，将知识转化为创新型生态的生产力，从而推动创新系统螺旋上升。

从区域经济视角看，创新型生态有效地拉动了区域经济的增长。三螺旋理论的主要贡献在于打造了大学及科研机构、产业及商业机构、政府一体化的区域经济链。大学及科研机构为创新型生态建设、区域经济发展提供智力支持和人才储备，产业及商业机构是区域经济、创新型生态最有活力的"细胞"，政府为创新型生态建设、区域经济发展提供政策保障，三方形成螺旋式的结合体，将行政领域、生产领域和知识领域有机整合，为创新型生态建设、区域经济发展提供了有力支持。

从协同效益理论视角看，三螺旋加速了知识生产、服务和转化等进程，推动创新系统螺旋上升，促使城市创新活动深化。大学及科研机构、产业及商业机构、政府各有所长，应根据创新型生态建设的需要，选择具有资本价值的知识转化为生产力，减少知识转化为生产力的成本，提高转化效率（李雪芹等，2010）。三方共同开发城市的知识资源所形成的协同效益，远比线性创新获得的效益要大得多。

从知识管理视角看，三螺旋理论勾勒了创新型生态建设中知识生产、知识转移、知识传播和知识服务的全过程。大学及科研机构敏锐地捕捉创新型生态的知识需求，负责知识生产，为创新型生态建设提供知识和技术支持；产业及商业机构是大学知识成果的传播、应用和转换平台，是创新型生态建设的主要实施者；政府可以充当大学及科研机构与产业及商业机构之间知识推广、知识转移的中介。三螺旋通过知识服务、传播以及知识链路的存在发挥作用，形成动态知识网络（潘东华等，2008）。

总之，在三螺旋理论的视角下，知识服务的创新型生态中，大学及科研机构、产业及商业机构、政府建立起平等、协作、互动的关系。大学及科研机构将知识转移到产业及商业机构的生产运营中，形成知识资本；产业及商业机构在实践中运用知识，并将知识的应用情况和实际效果反馈到大学及科研机构，促进知识的完善和提升；政府及公共部门提供政策指导，搭建知识服务平台，促进知识的传播、转移和融合。从图 12.1 中可以看出，若干视角都聚焦于知识服务。

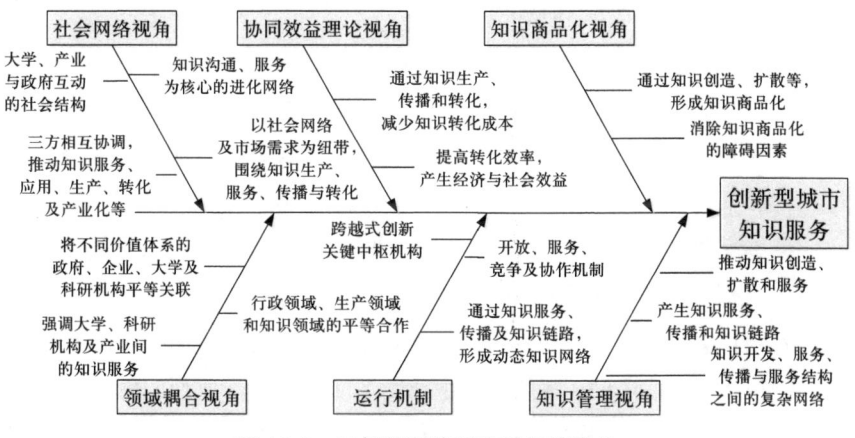

图 12.1　三螺旋理论研究视角的聚焦

12.2　三螺旋创新型生态实践状况

本研究选取了不同于国外知识服务中心或者机构的创新型生态，在三螺旋理论视角下，从创新型生态的知识空间、协同空间和创新空间分别进行进一步的解析。

12.2.1　创新型生态知识空间构建

知识空间意味着在知识服务的创新型生态中，大学与科研机构进行知识的生产与开发，当知识积累到一定的临界值时，知识可以溢出进行对外服务，并转化为现实生产力，实现知识的资本化。知识空间为科技型中小企业的发展提供了知识源泉（周春彦，2006）。

英国布莱顿大学联合苏塞克斯大学开展了区域知识服务创新型生态项目，其目标是促进跨部门的知识服务与增长。

利物浦约翰摩尔斯大学与利物浦大学、利物浦霍普大学合作成立默西塞德郡及西北部知识服务创新型生态中心，利用学生的智力资本开展以需求为主导的业务发展项目，安排学生进行业务拓展活动，促进知识服务创新型生态的形成，使知识服务扩展到中小企业之外，提高毕业生的商业意识、就业经验和技能。

英国提兹塞德大学与桑德兰大学合作开展数字知识服务创新型生态的发展项目，聚焦于数字媒体领域，旨在为数字媒体领域的中小企业提供专家支持；通过增加共同工作的机会，建立区域数字知识服务库；通过设计和实施新规定，提高技术水平，促进创新型生态的形成。

英国桑德兰大学与提兹塞德大学合作打造汽车行业知识服务创新型生态，支持汽车学术科研领域的发展，其活动包括：确定区域知识和能力的差距；开展中小企业的培训教育计划；打造技术转让的国际网络。

剑桥大学与其他 10 多所大学联合，在跨 10 个行业部门的学术和商业机构之间提供协调服务，聚焦于知识转移、能力建设和创新型生态发展等方面。

西英格兰大学联合数家大学建立知识咨询中心，其目的是提高企业市场占有率，统计分析高校、机构与企业之间的人员流动率，推动区域知识服务创新型生态的发展。

谢菲尔德哈勒姆大学软件工厂是谢菲尔德大学及其下属公司联合成立的，提供产品链、在线学习、技能和劳动力发展、专业软件开发和科研中的创新等支持，用于支持知识服务创新型生态的发展。

普茨茅斯大学与布莱顿大学、白金汉郡奇尔特恩斯大学学院一起，为东南地区的产品设计和制造行业提供知识服务创新型生态的支持，提高产品设计制造的能力以响应潜在的客户需求，提供咨询指导，包括提高问题识别的能力、开展最佳实践标杆管理、获取原型设备等。

萨尔福德大学与数个大学合作打造城市建筑知识服务创新型生态平台，其知识服务目的是促进高等教育与城市建筑业间的联系与协作，促进知识共享。此平台试图提高知识服务创新型生态活动的参与度，其活动包括确定行业需求、获取和分享知识、通过延伸或链接到所有层次的商业和高等教育网络形成知识容量和创新型生态资源。

12.2.2　创新型生态协同空间构建

协同空间意味着在知识服务的创新型生态中，相关参与者协同工作，就问题识别和解决方案的确定等开展交流活动。大学及科研机构、产业及商业机构、政府等反复交流、持续沟通，直至形成共识，并付诸知识服务的创新型生态运营实践。协同空间的构建需要上述三方形成战略性共识。

英国科学与技术设施理事会把知识服务作为理事会的关键使命之一。为实现这一目标，该理事会确保其研究或者技术项目形成的知识，在科学、技术、创新、教育以及商业之间建立关联。

英国自然环境研究理事会认为，知识服务这一术语涵盖知识、技术以及技能人员之间的交流过程。

苏格兰继续教育与高等教育基金管委会的知识服务优先考虑的是大学的知识、思想、经验如何运用以便促进商业、企业、公共服务创新，并提供新的思想、产品和服务。该委员会指出知识服务创新型生态涉及的内容包括：为了更广泛的经济与社会效益，通过高等教育与商业、公共部门、社区合作伙伴的相互交流，将大学的知识、专业技术、智力资本建设性地服务于高等教育之外的领域。

金斯敦大学联合其他 6 个大学，建设知识库，提供创新型生态支持，其支持范围涵盖高新技术、技能培训等。该中心集成了金斯敦大学知识服务中心、创业中心，形成大学人才、知识和业务发展网络（创意产业、信息通信技术、保健、生命科学、材料制造），帮助客户改善业务、获取资金、招聘毕业生、发现就业岗位、获得新的技能等。

12.2.3　创新型生态创新空间构建

创新空间意味着产业机构利用协同空间中的战略性共识，开展符合自身的创新，其目的是填补大学及科研机构、产业及商业机构、政府及公共部门在协同空间中确认的发展缺口或者空白，实现知识服务创新型生态的战略性共识。创新空间是进行城市创新活动的空间，高度依赖大学及科研机构、产业及商业机构、政府及公共部门的协同互动。

东伦敦大学联合其他 7 所大学建设了创新泰晤士门户，为公司提供专业知识，指导和支持员工改善技能、获取专门知识，以便其及时掌握最新技术，了解商业发展以及技术检测设施。该门户重点发展了一批杰出的大学科研中心，每个中心由一个合作伙伴领导，该合作伙伴在所处行业中优势显著（生命科学——玛丽皇后学院，生产与制造——伦敦城市大学，环境技术——东伦敦大学，信息与通信技术——格林威治大学，创意产业、媒体和通信——雷文斯本设计与传播学院），与该地区的重要战略伙伴合作，以支持引进投资、业务技能改进和业务流程改进等活动，并与该地区的其他业务支持团体合作，以提供共享服务。

英国德蒙特福德大学联合其他大学建设东米德兰新技术知识服务平台，在平台倡议中强调要加强大学与商业之间的联系，探索商业合作的创新方式，预期活动包括雇主论坛、借调工作人员、学生实习项目。

伦敦艺术大学交易所联合其他大学建设伦敦创意知识服务创新型生态，该创新型生态汇集了工艺、设计和通信方面卓越的五个领导中心，为伦敦创意产业提供专业支持，提供设计和生产技术，促进伦敦商业在产品、加工和服务方面的创新，获得全面的专业技能、知识和尖端科技，以便更好地理解可持续性和生态设计。

英国赫尔大学是商业与社区知识服务的领导机构，其将所在区域的商业与社区活动进行全方位的关联，优先考虑的是健康科技、再生能源和物流。

英国诺丁汉特伦特大学联合诺丁汉大学、莱斯特大学在中东部地区成立生物科学知识服务中心，为生物科学的相关人员进行协调提供平台，开发研究资源知识库，并与其在线门户网站配合，提供大量知识和信息，目的是促进地区的卓越创新、地区及国际资源共享。

英国贝德福特大学联合克兰菲尔德大学，通过应用先进知识，推动创新、商业发展和提升企业竞争力，其目标受众是把知识和技术作为发展关键因素的中小企业和企业家，其关注重点是管理、工业和制造科学、生物科学与技术研究、开发和商业可持续性。

赫德斯菲尔德大学联合若干大学建立西约克郡知识服务中心，该中心汇集了郡内四所大学的专业知识、技能和资源，目的是：促进新兴创意与数码技术的提前使用；鼓励创新与创造；开发和应用新知识；提高区域商业的经济与社会效益；提供专业知识和技能。

图 12.2 分别对创新型生态的知识空间、协同空间与创新空间的参与机构、服务依托、服务形式、服务内容和服务目的五个维度进行了描述。

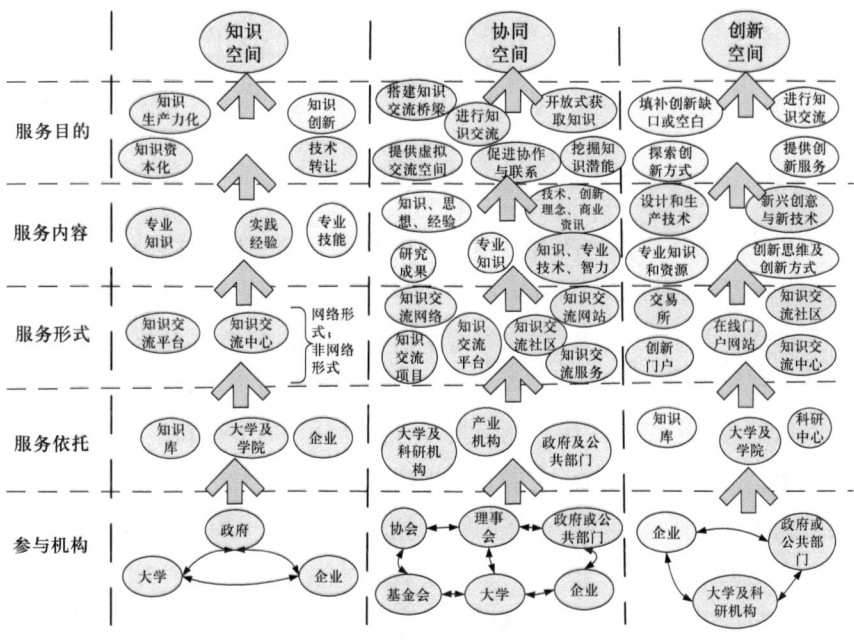

图 12.2　创新型生态的三类空间

创新型生态的知识空间、协同空间及创新空间的参与机构除大学、企业相同外，各个空间的参与机构存在不同，如协同空间的参与机构还包括协会、理事会及基金会。三个空间服务依托的形式各自存在差异。三个空间的服务形式存在不同，如协同空间的服务形式还包括知识交流项目、知识交流社区、知识交流网络，而创新空间的服务形式包括交易所、创新门户以及在线门户网站。三个空间的服务内容除专业知识、专业技能相同外，知识空间的服务内容还包括实践经验，协同空间的服务内容包括思想、经验、研究成果、智力等，创新空间的服务内容包括设计和生产技术、新兴创意与新技术、创新思维及创新方式等。创新型生态知识空间的服务目的包括知识资本化、知识生产力化及技术转让等，协同空间的服务目的包括搭建知识交流桥梁、提供虚拟交流空间、挖掘知识潜能、促进协作与联系及开放式获取知识等，创新空间的服务目的包括填补创新缺口或空白、提供创新服务及探索创新方式等。

12.3　知识服务创新型生态的要素

12.3.1　社会结构

从社会结构要素层面看，知识服务创新型生态采用社会网络作为知识服务的形式，以市场需求为导向，将知识需求者、知识提供者以及服务平台搭建者（政府）三者关联起来。在知识服务创新型生态中，知识需求者和知识提供者通过服务平台自由选择服务方式，即知识服务的媒介，包括会议、视频、信息通信技术等。在知识服务创新型生态的社会网络中，由于新的知识需求者和知识提供者会不断加入知识服务中，从而扩宽了知识服务创新型生态网络的宽度。

在知识服务创新型生态中，由于服务的深入以及所需知识的深入与交叉，知识需求者会与知识提供者发生直接关系，又与知识提供者推荐的其他知识提供者发生间接关系，这就拓展了知识服务的深度。

在知识服务创新型生态中，三螺旋理论的应用使得知识服务网络变成具有活力的有机体，服务网络中的每个节点（大学及科研机构、产业及商业机构和政府及公共部门）具有不同的关联，而且可以与网络中的其他节点形成直接或者间接的关联，从而拓展了网络的宽度和深度。在知识服务创新型生态网络中，各个节点通过发挥自身价值，获取、吸收更多的知识并有效地转化为生产力，提升其在知识服务网络中的价值和重要性，从而为实现知识服务创新型生态网络的目标而做出贡献。

12.3.2　运行机制

从运行机制要素层面看，在知识服务创新型生态中，需要大学及科研机构、产业及商业机构与政府积极参与、构建网络、交流知识，共同建立完善的管理措施和运行机制。三螺旋理论要求大学及科研机构、产业及商业机构与政府之间协同合作，而协同合作的基础是知识的交流与融合，有效的知识服务是确保大学及科研机构、产业及商业机构与政府之间协同互助、持续创新的核心点。

三螺旋理论应用于知识服务创新型生态时，强调采用的服务形式是网络形式，这就明确了大学及科研机构、产业及商业机构与政府三方都不是中心，而是彼此都是服务网络中的节点，从而突出了三方在服务过程中是平等、开放、协作、互动的关系。这三方的重要性取决于它们为了实现知识服务的目标而做出的贡献。

三方彼此之间通过知识需求、知识应用等建立关联，三方作为服务网络的组成部分而存在，并履行各自的职责和使命。大学及科研机构通过知识服务网络将知识及科研成果转移到产业及商业机构的生产运营中，提高相应机构的创新力和竞争力；产业及商业机构在实践中运用知识及科研成果，并将其具体运用情况通过知识服务网络及时有效地反馈到大学及科研机构，从而促进知识及科研的完善和提升；政府及公共部门搭建知识服务平台，提供公共支持和服务，以便技术、知识及经验有效转移和融合，进而实现大学及科研机构、产业及商业机构与政府及公共部门的不同价值，促进知识创新和服务。

三螺旋理论应用于知识服务创新型生态的运行机制具有以下三个主要优势。①可扩充性。在知识服务创新型生态网络中可以根据实际需求自发地扩大或者缩小节点规模，而且不会中断知识服务。②灵活性。知识服务创新型生态网络可以根据服务环境的需求进行重新配置与部署，在改变组成节点的同时仍然可以实现既定目标。在知识服务创新型生态中，可以跨越障碍节点发现新的关联和节点。③自适应性。由于在知识服务创新型生态网络中没有中心，而且可以进行广泛配置和灵活部署，因此可以抵抗来自节点的影响、阻碍和破坏，并获取新的路径进行原有的知识服务。

12.3.3 文化特征

从文化特征要素层面看，首先，在以网络化、复杂性、自组织和突发性为特征的知识服务创新型生态范式中，大学及科研机构、产业及商业机构、政府及公共部门三方之间存在一种理论上的趋同，即自我扩展的处理能力，且通过服务网络重新结合，并进行灵活的分布授权。这是由知识服务创新型生态过程中所形成的特殊时间和空间中的经济、社会、政治以及文化因素引起的，这些因素导致了服务组织形式的出现，空间和时间反映了知识服务创新型生态网络的文化。

知识服务创新型生态隐含的文化目的就是消除技术及知识服务障碍。通过交流，数据、思想、知识及技术等能够实时地在交互式网络中联系起来。服务进程中的重新配置能力保证参与者可以从任何地方搜索有价值的知识并对其进行集成及整合，同时忽略并排除那些对知识服务任务执行有较少价值或没有价值的节点、领域、行为和人群。

其次，在不同的环境中，知识服务创新型生态网络的发展也依赖于社会参与者的能力，并根据他们的兴趣执行和调整来拓展服务网络。

知识服务创新型生态网络是一个动态结构，对于社会力量、文化、政治以及经济政策来说，它都具有高度的可延展性。在知识服务创新型生态中，参与者愿意从其他人那里学习知识，也愿意将自己拥有的知识与其他人分享，这就是三螺旋视角下知识服务创新型生态网络的文化。具体如下。

（1）网络化建立在大学及科研机构、产业及商业机构与政府及公共部门共同的价值观念基础上。

（2）在多种多样的自治结构之间建立纵向、横向联系。

（3）信息及知识自由及开放式流通。

（4）以分散协调与直接民主决策的形式合作。

（5）建立自我定义、自我管理、自我产生、自我组织、自我发展的网络空间，自我定义、自我管理、自我产生、自我组织、自我发展的服务网络形成一种知识服务的文化思想，这不仅提供了有效的服务组织模式，而且从整体上提供了一种服务网络重组模式。

总之，三螺旋视角下的知识服务创新型生态网络形成开放式获取、信息知识自由流通及自我管理、多样化、自治及合作的特征。

12.4　创新型生态模型构建

前面分析了三螺旋理论与知识服务创新型生态关注焦点的耦合、主要因素，为了剖析三螺旋理论在知识服务中的运行机理，本研究构建了三螺旋视角下的知识服务创新型生态模型，如图 12.3 所示。

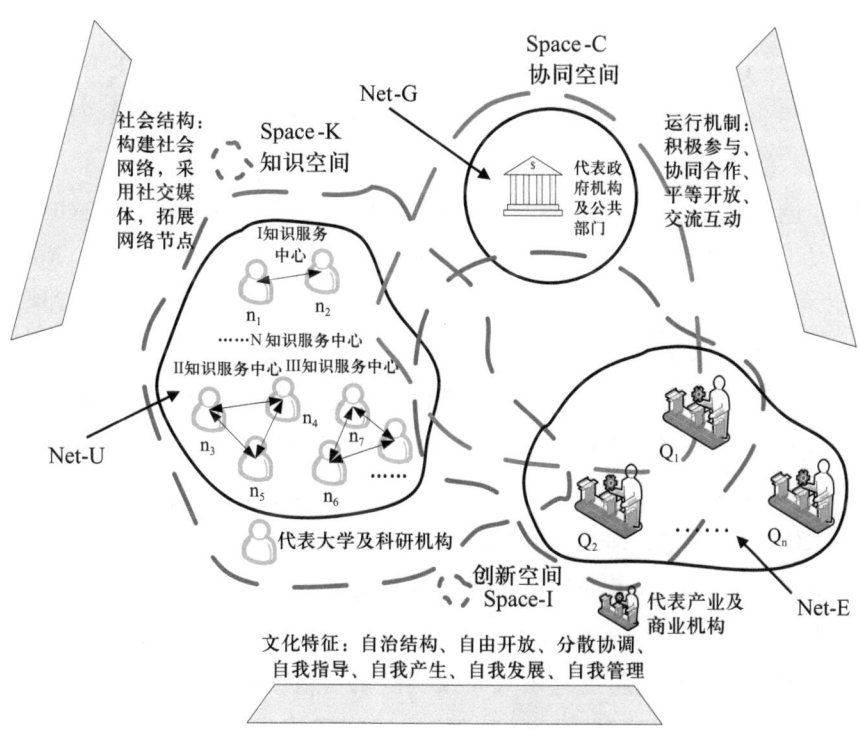

图 12.3　三螺旋视角下的知识服务创新型生态模型

在图 12.3 中，三螺旋视角下的知识服务创新型生态模型有三个空间和三个网络，三个空间是指创新型生态的知识空间（Space-K）、协同空间（Space-C）和创新空间（Space-I），三个网络是指大学及科研机构组成的网络（Net-U）、产业及商业机构组成的网络（Net-E）和政府及公共部门组成的网络（Net-G）。

Net-U 由不同的知识服务创新型生态中心构成（Ⅰ知识服务中心、Ⅱ知识服务中心、Ⅲ知识服务中心……N 知识服务中心），而各个知识服务中心又由不同的大学及科研机构构成。例如，Ⅰ知识服务中心由 n_1 和 n_2 构成，Ⅱ知识服务中心由 n_3、n_4 和 n_5 构成，Ⅲ知识服务中心由 n_6、n_7……n_n 构成。该网络提供知识的发现、生产、创新等，形成知识的源泉。

Net-E 由不同的产业及商业机构构成（Q_1、Q_2、Q_2……Q_n）。该网络提供知识的应用、实践及知识的创新及发现，实现知识资本化和商品化，并提供知识实践及传播的反馈。

Net-G 由不同的政府及公共部门构成（G_1、G_2、G_3……G_n）。该网络构建或提供知识服务创新型生态平台，确保服务平台及渠道的稳定、持久、畅通。

创新型生态知识空间由大学及科研机构组成的网络和产业及商业机构组成的网络构成，即 Space-K={Net-U(n_1, n_2, n_3, $\cdots$, n_n), Net-E(Q_1, Q_2, Q_3, $\cdots$, Q_n)}。在创新型生态知识空间可以实现知识的发现、知识的创新、知识的实践及实践结果的反馈。

创新型生态协同空间由大学及科研机构组成的网络（Net-U）、产业及商业机构组成的网络（Net-E）和政府及公共部门组成的网络（Net-G）构成，即 Space-C={Net-U(n_1, n_2, n_3, $\cdots$, n_n), Net-E(Q_1, Q_2, Q_3, $\cdots$, Q_n), Net-G(G_1, G_2, G_3, $\cdots$, G_n)}。创新型生态协同空间为了实现知识服务的目标，协调各方关系，在动态过程中实现整体和谐。

创新型生态创新空间由大学及科研机构组成的网络（Net-U）、产业及商业机构组成的网络（Net-E）和政府及公共部门组成的网络（Net-G）构成，即 Space-I={Net-U(n_1, n_2, n_3, $\cdots$, n_n), Net-E(Q_1, Q_2, Q_3, $\cdots$, Q_n), Net-G(G_1, G_2, G_3, $\cdots$, G_n)}。该空间可以识别产业发展的缺口或空白，发现相应的知识及技术，依靠知识服务创新型生态平台及中心，实现知识及技术的产业化。

12.5　生态模型运行机理

为了上述模型的顺利实施，本研究将深入探讨三螺旋视角下知识服务创新型生态模型的运行机理。

第一，该模型是随着时间的推移，不断进行自我重新配置的网络体系结构，它不断地被参与者优化和重组。

第二，该模型是由参与者自由构成的网络结构，是参与者为了共同目标而进行的各种布局和排列相互作用的结果，包含的核心行为塑造了知识服务创新型生态行为和文化。

第三，该模型是基于网络社会的多元社会结构，即不同种类的知识服务创新型生态网络具有不同的价值塑造逻辑。对价值塑造的定义依赖于服务网络的参与者的具体性以及具体的服务途径，因此，知识服务创新型生态具有个性化定制特性，任何将所有知识服务价值转化为通用标准的努力都会在服务方法上和知识服务现实中碰到难以克服的困难。

根据上文所述，三螺旋视角下的知识服务创新型生态模型具有三个空间，即知识空间（Space-K）、协同空间（Space-C）和创新空间（Space-I），以及三个网络，即大学及科研机构组成的网络（Net-U）、产业及商业机构组成的网络（Net-E）和政府及公共部门组成的网络（Net-G），三个网络分别实现知识服务创新型生态分配给它的目标，发现相关的信息和知识并将其重新结合成新的知识。

随着知识服务创新型生态服务次数的增加，参与者的规模会逐渐扩大，参与者参与知识服务创新型生态的范围和深度会不断增加，这就使得知识服务创新型生态参与者形成的三个网络不断扩充，而三个网络的扩充会拓展三个空间。因此，在三螺旋视角下的知识服务创新型生态模型存在三个维度，即服务次数、服务时间和服务空间，如图 12.4 所示。

三螺旋视角下知识服务创新型生态模型中的基本元素是三个网络。随着时间的演化，为了实现知识服务创新型生态的目的，发挥参与者的价值，进而拓展知识空间、协同空间和创新空间，三个网络会不断优化、重组及扩充，且伴随着每次不同的知识服务，三个网络会不断成长和发展。

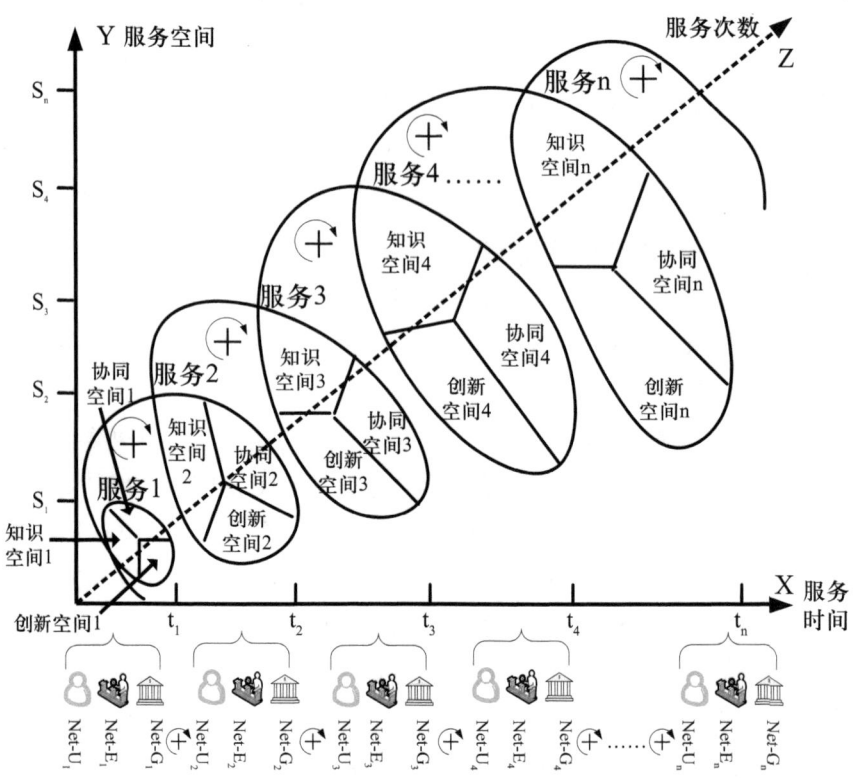

图 12.4　三螺旋视角下知识服务创新型生态模型运行机理

　　如图 12.4 所示，在知识服务 1 中，服务时间处于 t_1 阶段。在这一阶段，参与者包括大学及科研机构组成的网络（Net-U_1）、产业及商业机构组成的网络（Net-E_1）和政府及公共部门组成的网络（Net-G_1）。为了实现知识服务创新型生态的战略性共识，参与者进行协同互动，在协同互动过程中会形成知识空间 1、协同空间 1 和创新空间 1，该阶段处于知识服务空间的 S_1 阶段。当这次服务实现了预期的知识服务目标后，参与者也发挥了各自的价值，大学及科研机构可以实现知识的转移和增值，产业及商业机构会实现知识的产业化及资本化，并且会将知识产业化和资本化的实施情况反馈给大学及科研机构，这又反过来推动大学及科研机构进一步进行知识的创新与发现，而政府及公共部门在提供知识服务支持的同时，实现了自身价值，推动了区域发展，并提升了公众形象。

以上原因又会推动参与者进行新一次的知识服务，而由于前次知识服务过程中经验、知识的积累和推广以及知识需求的增加，新一次的参与者在规模和性质上会发生改变，原有的三个参与网络会形成新的参与网络（$Net-U_2$、$Net-E_2$ 和 $Net-G_2$）。知识服务参与三方的复杂性演化遵循着协同关联的规模演化（量的增多）和由协同关联到新的组织实体的出现（质的突变）两种演化途径，即随着知识服务次数的增加，知识需求越多，对参与者呈正向积极作用，在图 12.4 中用"+"表示。而参与者所组成网络的优化和扩充会使得在知识服务 2 过程中形成新的空间，即知识空间 2、协同空间 2 和创新空间 2。在这次知识服务过程中，由于前次知识服务中知识积累和知识实践情况的反馈会形成新的知识创新，因此这次知识服务中的三个空间在规模和性质上会超越上一次知识服务中的三个空间，而且这种空间的逐步扩大又会使知识服务创新型生态模型实现顺利且稳定发展。

因此，随着时间的推移，知识服务创新型生态服务次数的增加以及知识服务参与者网络的扩充，对创新型生态的知识服务空间起到正向积极作用（在图 12.4 中用"+"表示），从而形成知识服务的良性循环，而新的循环又会实现知识服务参与者网络的新的优化和重组，形成新的知识服务空间，而新的知识服务空间会在规模和性质上较前一次有新的突破，这样持续服务下去，就会形成如图 12.4 所示的螺旋上升的曲线。在这一过程中，知识服务在性质、内容、深度和规模方面会超过前一次，即：

知识服务 $n\{(Space-K，Space-E，Space-I)_n，(Net-U，Net-E，Net-G)_n\}>\cdots$ 知识服务 $2\{(Space-K，Space-E，Space-I)_2，(Net-U，Net-E，Net-G)_2\}>$ 知识服务 $1\{(Space-K，Space-E，Space-I)_1，(Net-U，Net-E，Net-G)_1\}$（n 为服务次数）

本研究深入分析了三螺旋理论应用于知识服务创新型生态的实践情况，构建了三螺旋视角下的知识服务创新型生态模型，分析了三螺旋视角下知识服务创新型生态模型的运行机理，并得出以下结论。

（1）三螺旋视角下知识服务创新型生态的基础是多元化，体现为大学及科研机构、产业及商业机构、政府及公共部门在性质、参与目标和参与手段上存在区别，这就需要在知识服务创新型生态中采取民主性和平等性的治理形式，使得参与者可以按照自己的意愿选择参与知识服务的程度和范围。

（2）三螺旋视角下的知识服务创新型生态模型不是封闭的系统，而是随着时间的推移而不断演化的动态开放式创新系统。三螺旋理论强调大学及科研机构、产业及商业机构、政府及公共部门协同交互、相互合作，这体现了开放式创新的理念，既可以使得组织内部的知识扩散到其他组织并发挥作用，也可以使外部知识被组织吸收和利用。

（3）三螺旋视角下知识服务创新型生态模型的顺利实施可以有效地促进构成元素的自身性质和功能的提升。该模型的顺利实施对模型中的三个空间和三个网络起到正向积极作用，知识服务的频繁发生会促进参与者及其群体网络的优化和自身专业素质的提升，而且逐渐推动每次知识服务过程中知识空间、协同空间和创新空间的拓展，而这又反过来促进了该模型的良性发展，从而既推动了模型中各种构成元素的量变和质变，又推动了三螺旋视角下知识服务创新型生态模型的顺利实施与完善。

综合本研究可以发现，三螺旋理论对于知识服务创新型生态极其重要，而在知识服务创新型生态中，大学及科研机构、产业及商业机构、政府及公共部门提高了自身的业务能力，拓展了知识的应用范围，有利于大学及科研机构知识的积累和创新、产业及商业机构的创新与发展、政府及公共部门职能的完善。因此，探讨三螺旋视角下的知识服务创新型生态既具有理论意义，又具有实践价值。

第 13 章 »»»»>

价值共创视域下科技型中小企业知识服务问题与对策

　　科技型中小企业在知识服务过程中采取多种服务模式和服务手段，调动客户积极地参与互动，从而使自身和被服务对象同时获得知识资本的积累、经营绩效的提升，提高市场竞争力。本研究利用 TSC 理论对案例公司的知识服务过程进行了详细的分析，同时通过结构方程对构建出的理论模型进行实证验证，可以看出目前案例中的科技型中小企业拥有较强的科技创新和研发能力，其知识服务模式的组合也具有诸多可取之处，但也暴露出了一些问题。本章结合案例研究和实证研究结果，对研究过程中发现的问题和值得借鉴的经验进行总结。

◁13.1　企业与知识服务客户价值共创问题

13.1.1　价值主张和价值需求难以契合

　　在对案例企业研究的过程中发现，企业和客户价值难以契合主要有以下两个表现。第一，科技型中小企业注重科技创新，科研和技术能力强，研发周期长，而一般企业往往以"短、平、快"的形式争取最大的利润（任志宽等，2020）。因此，在开展知识服务的过程中往往会出现"不良反应"，特别是在本研究建立的知识服务路径模型的服务起始阶段，价值主张和价值需求难以达成一致。第二，在知识服务的起始阶段，企业与客户步调不统一，交流频次太少，导致需求分析和诊断不准确。

13.1.2 服务过程中对客户体验不够重视

目前，客户体验（顾客体验）越来越被企业重视，已经成为提高企业服务质量和客户满意度的重要手段（Ihtiyar 等，2019）。但根据访谈中客户字里行间的流露，我们发现在科技型中小企业为客户提供知识服务时，其科技人员较多，提供的多是高新技术服务，注重服务的专业性而非服务体验。他们往往服务意识较为淡薄，很少重视客户体验，导致虽然在知识服务业务开展上投入了时间和精力，但并没有达到预期效果，特别是刚刚转型开展知识服务业务的科技型中小企业员工，基本不会主动了解客户，而是完全按照方案内容开展知识服务，不能根据客户体验和客户的具体情况灵活应对，致使客户体验差、满意度低。通过实证研究也发现，组织整合资源和调整价值匹配对知识服务条件即互动服务实现没有显著影响，这更反映出企业对客户体验不够重视。因此，企业在组织资源整合和调整价值匹配时应提高对客户体验的重视程度。

13.1.3 知识交流成本高且效率低

知识交流是知识服务过程中重要的沟通渠道，客户需求的识别和服务效果的提升都需要高效的知识交流。知识服务一般需要服务提供者与服务对象进行直接的知识交流和思想碰撞，优化决策，引导其行动，帮助其解决实践中的问题（古志文等，2014）。但是在当前的知识服务过程中，普遍存在企业与客户的沟通成本较高、知识交流效率低等问题。并且知识服务过程中往往需要传递大量的文本资料、数据资料，传统的传递方式不仅容易出现错误，而且传递和共享受时间和空间的限制，阻碍了知识服务行业的发展进程。另外，在一般的知识服务过程中，当知识需求者存在知识需求时，必须向知识提供者提出他们的问题，然后耐心等待，直到知识提供者解答为止，这不仅会花费较高的时间成本，而且知识交流的效率低（Jatib 等，2003）。

13.1.4　互动缺乏动力且知识利用率低

由本研究提出的科技型中小企业知识服务模型及实证研究可以看出，科技型中小企业的知识服务条件即互动服务实现对知识服务目标即价值共生共赢具有显著的正向影响，说明企业与客户在知识服务过程中的互动程度很大程度上决定了价值共创的实现程度。但是由于科技型中小企业更加重视服务的专业化，以传统的知识输出作为主要的工作模式，很少鼓励客户共同参与，而且不能很好地识别客户喜好，难以增强客户主动参与服务业务的动力和兴趣，因而阻碍了价值共生共赢。除此之外，在知识服务项目结束后，虽然双方获得了共赢，增加了知识存量，但是其中有较多的经验属于隐性知识，企业与客户往往没有进行及时有效的转化，使隐性知识无法被共享，得不到有效利用。

13.2　企业与知识服务客户价值共创对策

开展知识服务业务是科技型中小企业转型的途径之一，是由产值增长型向价值驱动型转型的有效手段。但是科技型中小企业的知识服务业务还处在探索阶段，存在一系列问题。针对上文提到的几个问题，本研究提出以下对策。

13.2.1　需求导向及加强项目管理

通过案例研究和实证研究结果可以看出，双向需求诊断和价值主张契合显著正向影响互动服务实现，进而能够实现知识服务目标即价值共生共赢，这说明企业与客户的价值契合度决定了合作项目结束后知识服务能够给双方带来的价值的大小和收益率的高低。

因此，本研究给出如下建议。

第一，科技型中小企业转型开展新业务（知识服务）的同时，要转变思维方式，建立以客户需求为导向的经营组织，在客户关系管理过程中与客户相互配合，随时关注客户需求的变化。

第二，增加服务起始阶段的交流沟通频次，尽可能满足客户的价值需求，以加快企业与客户的价值匹配，降低时间成本。

第三，关于企业与客户在服务起始阶段步调不一致的问题，主要原因在于科技型中小企业的知识服务处在发展的初期，有关项目管理的流程和制度不够完善，所以需要加强项目管理，采取项目管理的手段，严格控制项目进度。

第四，客户需求管理系统可以作为执行激励制度的工具，其在现实中表现出良好的激励效果（Cai，2012）。应建立激励制度，给予员工本职工作以外的服务权力，通过客户需求管理系统来接受和执行，使每一位员工都能满足客户的不同需求，为客户服务。

13.2.2　开展重体验的个性化服务

客户体验是企业知识服务的核心。陈荣平（2006）指出："在服务提供方和顾客的一系列交互和价值创造活动中，顾客的体验颇为重要。"科技型中小企业属于"三高一长"（高风险、高投入、高成长、长周期）的特殊企业，要想在激烈的市场竞争中取得竞争优势，就需要维护好客户，在增加客户黏性的同时，不断增加客户基数，拓宽业务量。所以重视客户体验尤为重要，而个性化服务由于具有精准服务、更好地满足客户需求等特点，成为知识服务的重要形式。

本研究中的企业采取的"线上 + 线下"的组合式服务方式，就是个性化服务的一种。企业可以通过本研究构建的"服务 - 服务聚类模型"，识别客户的个性化喜好，为其精准推送个性化服务组合，使其获得更好的用户体验，从而提升企业品牌和口碑。针对实证研究中组织整合资源和调整价值匹配对互动服务实现的影响不显著的结果，企业在组织资源整合和调整价值匹配的时候，可以从客户体验的视角进行，即在进行资源整合和价值匹配时，将客户体验纳入其中，注重客户体验，提升客户参与度与体验度，提升客户价值。

13.2.3　建立知识服务价值共创云平台

大数据、云计算、物联网等新信息技术的快速发展，给知识服务带来了巨大的机遇，中小企业需要及时抓住机会，利用新技术、新服务模式增加竞争优势（Matthews 等，2015）。为解决知识服务过程中的知识交流效率不高、沟通成本高、服务受地点和时间限制等问题，科技型中小企业可以借助自身的科技研发能力，吸收互联网技术人才，建立知识服务价值共创云平台。

云平台具有以下优势：第一，可以通过云平台实现一站式的知识服务，增加知识服务的形式，提高知识服务的智能化程度和可操作性；第二，可以打破时间和空间障碍，实现知识服务的及时性，降低由于交流沟通障碍导致的时间成本，增加客户接受服务的主动性和所提供知识的价值；第三，可以通过云平台实现知识共享、协同处理、历史记录查询等，客户可以通过云平台直接上传资料和接受资料，大大降低沟通成本，提高服务效率；第四，可以将云平台作为行业智库的接口，增加查询和问答模块，方便用户自行查询需要的信息，实现自助式服务。

对于企业与客户已完成的知识服务项目所产生的新知识利用率低的情况，一方面，企业和客户要做好内部的知识管理，定期复盘，使经验等隐性知识得以显性化，从而被其他人共享和吸收；另一方面，企业可以在建立的知识服务价值共创云平台上开发"知识管理模块"，使客户与企业均可以在模块中进行经验分享和案例上传，将隐性知识显性化，促进经验知识的共享，进一步实现价值升华。

13.2.4　提高客户互动参与率

实证研究结果表明，科技型中小企业的知识服务条件即互动服务实现对知识服务目标即价值共生共赢具有显著的正向影响。现实中随着网络技术的发展，互联网平台和手机端软件的互动功能模块呈指数级增长，客户参与受到的关注越来越高，客户互动参与程度已成为各大服务业发展的抓手（Carlson 等，2018）。对于上文提到的企业与客户互动动力不足的问题，本研究有以下三点建议。

第一，精准识别和划分客户。企业可以利用本研究提出的"客户 – 客户聚类模型"和"服务 – 服务聚类模型"，对客户和自身服务形式进行分析，形成聚类模型，并结合客户参与服务的情况，给出更加精准全面的客户画像。应找出客户的喜好，匹配更加适合的服务模式组合，提高客户的积极性、主动性。应通过模型进行客户信息的深挖，了解客户与客户背后的潜在关系，有针对性地采取契合的服务方式。

第二，采取合作开展培训的形式。提供知识服务的科技型中小企业与其服务的客户在知识服务过程中都会出现相关知识缺乏和面临技术瓶颈等问题。科技型中小企业虽然是知识密集型、科技创新型的高新技术企业，有一定的行业知识深度，但在技术和知识的广度上并没有完全覆盖许多大型企业的知识范围。在这种情况下，科技型中小企业可以与其客户进行合作，在双方的技术和知识薄弱领域，相互开展培训。这既可以降低人才培训的成本，又可以增加彼此的知识存量。

第三，建立知识服务价值共创的反馈机制。反馈机制也是增加互动的一种方式，知识服务的主体和客体在完成一次知识服务后可以进行相互的反馈。反馈的内容包含服务体验、服务效果评价、满意度评价等。建立反馈机制首先要保证反馈渠道的畅通，反馈渠道畅通是确保反馈机制正常运行的核心。反馈渠道包括主动调研、线上评价、邮寄打分、座谈会、复盘会等形式。

第 14 章 >>>>>>

价值共创视域下科技型中小企业知识服务研究结论与展望

14.1 研究结论

当前处于从"前知识服务时代"向"后知识服务时代"过渡的阶段（柯平，2019），后知识服务时代从技术与人文的结合、多学科交叉、智慧化等方面促进知识服务的转型，知识服务的主体和客体也在发生着巨大的变化。科技型中小企业是如何为客户提供知识服务的？科技型中小企业与其服务的客户是如何实现价值共创的？现有文献的研究多集中于知识服务机构或者各类图书馆为企业提供的知识服务，但对这一问题暂时缺乏深入的研究。本研究采用 TSC 理论研究框架，对收集的大量一手和二手数据进行多维度分析，挖掘数据背后的关联，构建知识服务模型，并通过实证研究对构建的模型进行验证。

本研究对案例企业的数据资料进行了三个维度（时间、空间、内容）的分析，并在研究过程中相互结合。在时间维度（T），采用时间序列分析法，研究了科技型中小企业服务客户的时间数据，如合同台账等，绘制了公司签约客户的年度增长趋势图和公司员工出差次数年度趋势图。通过对比年度曲线变化情况，并结合空间维度（S）的社会网络分析部分关于地区派驻式服务次数与地区新增客户数量的对比图，发现派驻服务的次数直接影响了地区客户签约数量。在内容维度（C），以扎根理论为研究工具，对收集的原始资料进行编码，经过不断比较和多次理论抽样，得到"价值共创视域下的科技型中小企业知识服务模式"这一理论模式。

通过分析发现：

（1）双向识别是科技型中小企业与客户开展知识服务的前提，这一过程包含双向需求诊断、价值主张契合、组织整合资源和调整价值匹配四个主范畴。

（2）互动服务实现。共同参与是科技型中小企业与客户开展知识服务的必要条件，包含平台问答型、专业替代型、自助查询型、短期派驻型和免费增值型五种知识服务模式。

（3）价值共赢是科技型中小企业与客户共同开展知识服务的目标，包含需求得以满足、参与服务过程、经营效益提升和品牌价值升华四个主范畴。并基于"共识阶段—服务阶段—共赢阶段"三个递进式的阶段，构建了价值共创视域下的知识服务模型。

在空间维度（S），本研究借助在内容维度（C）编码得到的企业服务的五种业务模式，利用 Ucinet 软件对公司 – 客户的 2- 模社会网络结构进行了中心度、奇异值等分析。研究发现公司与客户参与知识服务较为集中的模式是自助查询型服务和专业替代型服务，这也是线上和线下的组合模式，产生了较大的效果，而平台问答型服务的客户参与度较低，资源没有得到有效利用，服务效果较差。同时在分析客户行为后发现，可以将企业的客户分为三种类型，即积极型、忽视型和被动型。这有助于公司对客户进行分类和差异化服务，利用不同服务模式的特点精准服务于不同的客户类型。公司 – 客户的 2- 模社会网络分析和时间序列分析展现了在价值共创视域下公司与客户共同参与知识服务的互动关系和服务效果，本研究以此构建了价值共创视域下的知识服务模型，并对科技型中小企业的客户分类和精准服务给出了合理的建议，有利于公司更加高效、更加精准地做好知识服务。在此基础上，通过大规模发放问卷对建立的理论模型进行了实证验证。

当前科技型中小企业是国家实施创新驱动战略的主力军，其数量和规模正在不断扩大，但仍然存在"三高一长"的特点。在企业转型的过程中，知识服务作为契合知识经济时代的商务活动出现在越来越多的科技型中小企业中。企业要想在激烈的市场竞争中获得更大的竞争力，就需要以客户需求为导向，加强内部知识管理，挖掘客户与客户间的关系，了解自身服务模式的匹配情况，引导客户充分参与到知识服务过程中，在保证传统服务模式质量的同时，充分利用大数据、云计算等高新技术，创新和变革知识服务模式，把增加客户参与度作为知识服务全过程的抓手，更好地实现客户与企业价值共创。

结合上述结论，本研究有针对性地设计了以下科技型中小企业知识服务方式。

（1）传导方式。传导方式是指社会成员通过面对面的直接接触来交流隐性知识。传导方式将隐性知识从其知识拥有者传递到知识需求者，即从隐性知识势能高的地方传到势能低的地方。一般而言，传导方式是单向的隐性知识服务，知识拥有者是主动传播方，知识需求者是被动接受方。例如，新手对专家进行直接观察，发现哪些可以做，哪些不可以做。

（2）对流方式。对流方式是指依靠视频、语音、社交网络、多媒体共享工具等实现隐性知识服务。对流方式是双向的隐性知识服务，知识拥有者是主动方，知识接受者是被动方，但是既可被动接受，又可主动提问。例如，知识拥有者通过隐喻和讲解进行隐性知识服务，隐性知识需求者通过亲身观察、模仿、听讲和提问等方式进行隐性知识服务。在隐性知识供需双方的互动过程中，隐性知识拥有者提升了对隐性知识的把握程度，而隐性知识需求者获取了所需隐性知识。

（3）辐射方式。辐射方式是指知识拥有者借助社交媒介等，将隐性知识从自身传递给其他知识需求者。一般而言，这种方式是 1 对 N 的关系，1 是指知识拥有者，N 是指知识需求者。知识拥有者是主动方，知识需求者是被动方。例如，通过知识论坛等，论坛负责人将其掌握的隐性知识传递到需求者那里。

（4）蒸发方式。蒸发方式是指网络成员通过沟通服务，使其各自的隐性知识升华，参与沟通的多方增加了各自的隐性知识。一般而言，这种方式是 N 对 M 的关系。在这一方式中，知识拥有者和知识需求者的角色是可以互换的，因此，知识拥有者和知识需求者分别在不同的情况下处于被动和主动状态。例如，成员在执行任务的过程中通过观察彼此的活动来获取隐性知识和提升隐性知识的含量及质量；成员通过模仿和对比，在不同的环境中观察不同的人及对比不同的结果来参与隐性知识服务，成员通过共同努力，尝试解决某一问题等。如图 14.1 所示。

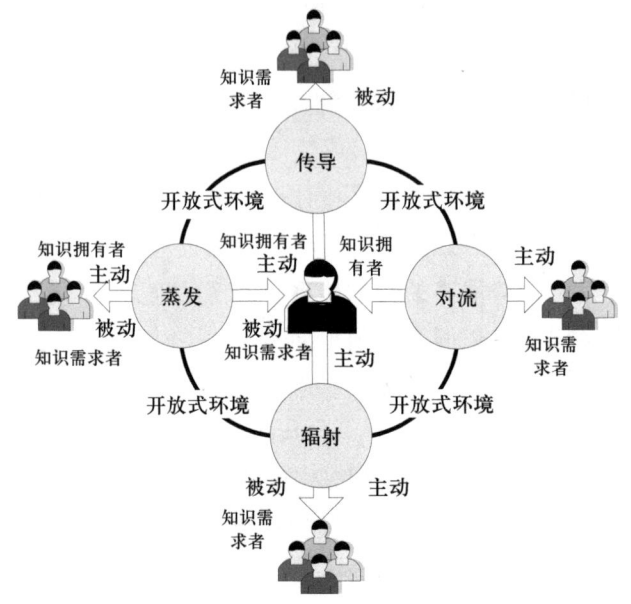

图 14.1　企业知识服务的方式

14.2　研究展望

科技型中小企业知识服务的关键是企业的相关人员，这是因为知识服务是一种社会互动活动，也是知识价值化的过程，知识服务需要通过人群的交流与互动才能发生与进行。知识管理技术可以辅助知识服务，或者成为知识服务的渠道或媒介，但是知识服务人员却可以推进知识实践化和价值化，知识实践化涉及利益相关者、情境、技术、环境、生态和文化等。

在科技型中小企业中，需要塑造和构建知识服务的生态和文化，一旦孕育、塑造和构建出这种生态与文化，就会促进企业员工积极参与知识服务，并积极开展知识共享与创新，这种趋势和努力势必会形成自我实现和自我赋能的良性循环、自我演化及自适应。这种循环、演化及自适应将直接影响员工的知识行为与规范，从而形成知识服务的竞争力，这反过来又会塑造和提升企业知识服务的品牌形象。科技型中小企业可以通过内部协商、制度和组织结构变革来支持知识服务愿景，帮助形成和正强化企业人员的知识服务个体期望，使其承担起知识服务的职责。

塑造企业知识服务行为时可以考虑以下内容。

（1）塑造和形成对于知识服务、协作和价值化的认可及意识。可以通过正强化进一步开发知识服务产品，通过最佳实践社区开展企业内外部的知识服务。

（2）鼓励形成开放式和融合式知识服务平台和生态。开放式和融合式知识服务是科技型中小企业战略驱动下的全面性、开放式、融合性知识服务，其核心要素是战略、开放、全面和融合，以上要素相互支撑、相辅相成。根据开放式和融合式知识服务思想，知识服务不只是知识服务人员的责任，更需要纳入科技型中小企业整体发展战略中，实现全知识服务链的动态融合，真正贯彻和落实"人人都是知识服务者和知识创造者"的理念。

（3）生态与环境赋能。在企业知识服务过程中，生态与环境的赋能能力决定了科技型中小企业能否真正激活企业自身，激活组织内部的人员和外部的合作者，从而突破个体与个体、组织内与个体、组织内与组织部门、部门与个体、个体与组织外、组织外与组织内、组织外与组织部门之间的边界，通过知识服务更新，打造包容创新的知识服务生态，赋能组织内外的知识服务个体，进而实现内外高效共生和上下有机融合。

（4）探究知识服务灵感。利用受众的外在兴趣，增加知识服务相关者之间的知识关联性，形成知识服务的创新力，鼓励知识服务人员进行全知识服务链的融合式创新或局部式创新，这为知识服务灵感的产生提供了具有实践性和丰富性的机遇。

（5）知识拥有者。知识服务取决于三个要素（Johannessen 等，2011），即知识拥有者、知识需求者和实践环境，当然还包括服务方式。在知识拥有者方面，知识是通过知识拥有者个体的内在过程获取的，包括经验、思考、内化及个人天赋，这一特点使隐性知识成为持续竞争优势的来源，因为它不易存储和传递，从而使竞争对手难以发现、模仿和复制。在社会网络中，显性知识可以写出来，易于在个体和组织之间转移。因为它是书面形式的，非常容易被竞争对手复制。而隐性知识由于存在于知识拥有者个体的头脑中，通过经验获取且难以阐明，因而隐性知识服务依赖于阐述、示范和其他更抽象的方式。

（6）知识需求者。在社会网络中，知识需求者需要通过不断尝试的迭代过程来获取知识，然后依靠知识进行环境监测、制定决策和采取行动。显性知识可以编码，而隐性知识难以阐明和编码。隐性知识也被定义为信仰体系内部的复杂关系（Hedlund 等，2003），但可以通过社会网络成员之间的服务来传递与共享。虽然隐性知识不易识别，但是合适的交谈技术可以作为隐性知识表达和记录的载体。通过接受知识服务，知识需求者可以融入自身经验和经历，积极构建、完善和扩展自己的隐性知识。

（7）实践环境。在实践环境方面，Bock 等（2005）研究了外在激励因素、社会心理因素、氛围、行动意向对知识共享的影响。研究结果表明，氛围是影响知识服务的重要因素，良好的社会关系和有利的文化可能促进知识服务行为的发生。由于隐性知识的个体性和内隐性特征，只有通过人际互动这种直接的交流方式才能实现知识交流，因此，高质量的社会网络成为隐性知识服务的重要条件。一般而言，隐性知识服务是组织在开放、信任的环境中长期磨合沟通、相互感知的结果。可信度有利于社会网络中隐性知识服务活动的开展。具有便捷性、随意性、开放性和社区性等特点的社会网络有利于开展隐性知识服务。

展望未来，科技型中小企业将在国家一系列政策的扶持下高速发展，继续成为创新经济发展的引擎和关键。在知识经济背景下，生产要素的转变、互联网通信技术的发展都倒逼科技型中小企业转型和改革。专业的知识服务不仅可以为企业自身提供知识增量，扩大知识资本，也可以作为公司业务的一部分，满足客户的知识需求。知识服务可能会成为科技型中小企业转型发展的重要方向。

　　本研究对科技型中小企业与其客户之间知识服务价值共创的具体效果和服务反馈缺乏深入研究，没有构建更细化的知识服务模型，也没有建立服务评价和反馈体系，没有使知识服务模型形成闭环，达到服务的更新和迭代。为此，未来应针对这些问题展开深入研究。

参考文献

［1］AMARA N, LANDRY R, DOLOREUX D. Patterns of innovation in knowledge-intensive business services ［J］. The service industries journal, 2009, 29（4）: 407-430.

［2］ANGELIS J, FERNANDES B. Innovative lean: work practices and product and process improvements ［J］. International journal of lean six sigma, 2012, 3（1）: 74-84.

［3］ASIKAINEN A L. Innovation modes and strategies in knowledge intensive business services ［J］ Service business, 2015, 9（1）: 77-95.

［4］BARBU A, MILITARU G. Value co-creation between manufacturing companies and customers. The role of information technology competency ［J］. Procedia manufacturing, 2019（3）: 23-56.

［5］BENNET D, BENNET A. Engaging tacit knowledge in support of organizational learning ［J］. Vine, 2008, 38（1）: 72-94.

［6］BOCK G W, ZMUD R W, KIM Y G, et al. Behavioral intention formation in knowledge sharing: examining the roles of extrinsic motivators, social-psychological forces, and organizational climate ［J］. MIS quarterly, 2005, 29（1）: 87-111.

［7］BORDUM A. From tacit knowing to tacit knowledge: emancipation or ideology? ［J］. Critical quarterly, 2002（44）: 50-54.

［8］BORGES R. Tacit knowledge sharing between IT workers: the role of organizational culture, personality, and social environment ［J］. Management research review, 2012, 36（1）: 89-108.

［9］BOWEN D, YOUNGDAHL W. "Lean" service: in defense of

a production line approach [J] . International journal of service industry management, 1998, 9 (3): 207-225.

[10] CAI H. The study on small and medium-sized enterprise customer relationship management [M] // Future communication, computing, control and management. Berlin: Springer Berlin Heidelberg, 2012.

[11] CARLSON J, RAHMAN M, VOOLA R, et al. Customer engagement behaviours in social media: capturing innovation opportunities [J] . Journal of services marketing, 2018 (18): 48-62.

[12] CARRILLO F J, MILLAR C C J M, CHOI C J. Development and knowledge resources: a conceptual analysis [J] . Journal of knowledge management, 2010, 14 (5): 759-776.

[13] CASTILLO J. A note on the concept of tacit knowledge [J] . Journal of management inquiry, 2002, 11 (1): 46-57.

[14] CHEUNG L, MCCOLL-KENNEDY J R. Addressing vulnerability: what role does marketing play? [J] . Journal of services marketing, 2019 (8): 33-36.

[15] CLARK S J. A general age-specific mortality model with an example indexed by child mortality or both child and adult mortality [J] . Demography, 2019 (56): 1131-1159.

[16] COLLINS H M. Tacit knowledge, trust and the Q of sapphire [J] . Social studies of science, 2001, 31 (1): 71-85.

[17] CORBIN J, STRAUSS A. Basics of qualitative research: techniques and procedures for developing grounded theory [M]. London: Sage Publications, 2014.

[18] DAHLMAN C J, AUBERT J E. China and the knowledge economy: seizing the 21st century [J] . China journal, 2001, 52 (12): 177-189.

[19] DOLOREUX D. What we should know about knowledge-intensive business services [J] . Technology in society, 2009, 31 (1): 64-72.

[20] DONG G M, JIAN Z Q, WANG Y. Analysis on innovative nature of inter-enterprise knowledge transfer: a perspective of knowledge structure [J] .

R & D management, 2010, 22（6）: 1–112.

［21］ENDRES M L, ENDRES S P, CHOWDHURY S K, et al. Tacit knowledge sharing, self–efficacy theory, and application to the open source community［J］. Journal of knowledge management, 2007, 11（3）: 92–103.

［22］FRANCISCO M, WENSLEY A, ALBA M, et al. How much does KIBS contribute to the generation and diffusion of innovation?［J］. Service business, 2011, 5（3）: 195–212.

［23］GHERHARDI S, NICOLINI D. To transfer is to transform: the circulation of safety knowledge［J］. Organization, 2000, 7（2）: 329–348.

［24］GLASER B G, STRAUSS A L. The discovery of grounded theory: strategy for qualitative research［J］. Nursing research, 1967, 3（4）: 377–380.

［25］GLASER B, HOLTON J. The grounded theory seminar reader［M］. Mill Valley: Sociology Press, 2007.

［26］GLISBY M, HOLDEN N J. Mastering tacit corridors for competitive advantage: cross–cultural knowledge creation and sharing at four international firms［J］. Global business and organizational excellence, 2011, 30（5）: 64–77.

［27］HALDIN–HERRGARD T. Difficulties in diffusion of tacit knowledge in organizations［J］. Journal of intellectual capital, 2000, 1（4）: 357–365.

［28］HEDLUND J, FORSYTHE G B, HORVATH J A, et al. Identifying and assessing tacit knowledge: understanding the practical intelligence of military leaders［J］. The leadership quarterly, 2003, 14（2）: 117–140.

［29］HERTOG P D.Knowledge–intensive business services as co–producers of innovation［J］. International journal of innovation management, 2000, 4(4): 491–528.

［30］HICKS R C, DATTERO R, GALUP S D. A metaphor for knowledge management: explicit islands in a tacit sea［J］. Journal of knowledge management, 2007, 11（1）: 5–16.

［31］HIPP C. Knowledge–intensive business services in the new mode of knowledge production［ J ］. AI & society, 1999, 13（1–2）: 88–106.

［32］HOLLEBEEK L D. Demystifying customer brand engagement: exploring the loyalty nexus［ J ］. Journal of marketing management, 2011, 27（7–8）: 785–807.

［33］HOLSTE J S, FIELDS D. Trust and tacit knowledge sharing and use［ J ］. Journal of knowledge management, 2010, 14（1）: 128–140.

［34］HOWELLS J. Intermediation and the role of intermediaries in innovation［ J ］. Research policy, 2006, 35（5）: 715–728.

［35］HULL R, COOMBS R, PELTU M. Knowledge management practices for innovation: an audit tool for improvement［ J ］. International journal of technology management, 2000, 20（5–8）: 633–656.

［36］IHTIYAR A, BARUT M, IHTIYAR H G. Experiential marketing, social judgements, and customer shopping experience in emerging markets［ J ］. Asia Pacific journal of marketing & logistics, 2019, 31（2）: 499–515.

［37］IKUJIRO N, TEECE D J. Managing industrial knowledge: creation, transfer and utilization［ M ］. London: Sage Publications, 2001.

［38］JANOWICZ-PANJAITAN M K, NOORDERHAVEN N G. Trust, calculation, and interorganizational learning of tacit knowledge: an organizational roles perspective［ J ］. Organization studies, 2009（30）: 1021–1044.

［39］JANSON A, MCQUEEN R J. Capturing leadership tacit knowledge in conversations with leaders［ J ］. Leadership & organization development journal, 2007, 28（7）: 646–663.

［40］JATIB M I, VILELLA F, ORDONEZ H, et al. Agribusiness executive education and knowledge exchange: new mechanisms of knowledge management involving the university, private firm stakeholders and public sector［ J ］. International food & agribusiness management review, 2003（5）.

［41］JOHANNESSEN J A, OLSEN B. Aspects of a cybernetic theory of tacit knowledge and innovation［ J ］. Kybernetes, 2011, 40（1–2）: 141–165.

［42］KAWTRAKUL A. Ontology engineering and knowledge services for agriculture domain［ J ］. Journal of integrative agriculture, 2012（5）: 53–63.

[43] KENDALL K E, KENDALL J E. 系统分析与设计 [M] . 施平安, 徐远新, 钟玮珺, 译 .5 版 . 北京: 清华大学出版社, 2004.

[44] KHAN S R, KHAN I A. Understanding ethnicity and national culture: a theoretical perspective on knowledge management in the organization [J] . Knowledge and process management, 2014, 22 (1): 51–61.

[45] KING I, LYU M R, MA H. Introduction to social recommendation [C] .Proceedings of the 19th international conference on World Wide Web, 2010: 1355–1356.

[46] LENGNICK–HALL C A. Customer contributions to quality: a different view of the customer–oriented firm [J] . Academy of management review, 1996, 21 (3): 791–824.

[47] LEYBOURNE S, KENNEDY M. Learning to improvise, or improvising to learn: knowledge generation and "innovative practice" in project environments [J] . Knowledge and process management, 2015, 22 (1): 1–10.

[48] LIN F R, WANG C R, HUANG H Y. Can a Wiki be used as a knowledge service platform? [M] . Berlin: Springer Berlin Heidelberg, 2013.

[49] LLAVE M R. Business intelligence and analytics in small and medium–sized enterprises: a systematic literature review [J] . Procedia computer science, 2017 (121): 194–205.

[50] LUBIT R. The keys to sustainable competitive advantage: tacit knowledge and knowledge management [J] . Organizational dynamics, 2002, 29 (3): 164–178.

[51] MARTINEZ–FERNANDEZ C, SOOSAY C A, BJORKLI M, et al. Are knowledge–intensive service activities enablers of innovation processes? A study of Australian software firms [C] .CINET Conference, 2004, 22–24th, September: 986–1000.

[52] MARVEL M R, DROEGE S. Prior tacit knowledge and first–year sales: learning from technology entrepreneurs [J] . Journal of small business and enterprise development, 2010, 17 (1): 32–44.

[53] MATSCHKE C, MOSKALIUK J, CRESS U. Knowledge exchange

using Web 2.0 technologies in NGOs [J] . Journal of knowledge management, 2012, 16 (1): 159–176.

[54] MATTHEWS J, ZOLIN R, SAWANG S. Capturing opportunities for business and innovation in knowledge intensive services [C] . Academy of Management Meeting, 2015.

[55] MAYFIELD M. Tacit knowledge sharing: techniques for putting a powerful tool in practice [J] . Development and learning in organizations, 2010, 24 (1): 24–26.

[56] MCADAM R, MASON B, MCCRORY J. Exploring the dichotomies within the tacit knowledge literature: towards a process of tacit knowing in organizations [J] . Journal of knowledge management, 2007, 11 (2): 43–59.

[57] MILES I, KASTRINOS N, BILDERBEEK R, et al. Knowledge intensive business services: their role as users, carriers and sources of innovation [J] .Second national knowledge infrastructure Setp, 1998, 44 (4): 100–128.

[58] MILES I, KASTRINOS N, FLANAGAN K, et al.Knowledge-intensive business services: users, carriers and sources of innovation [R] . European innovation monitoring systems.EIMS Publication, No.15.Innovation Programme, DGX Ⅱ, Luxembourg, 1995.

[59] MILES I. Knowledge in tensive business services: prospects and policies [J]. The journal of future studies, strategic thinking and policy, 2005 (7): 39–63.

[60] MOORADIAN N. Tacit knowledge: philosophic roots and role in KM [J] . Journal of knowledge management, 2005, 9 (6): 104–113.

[61] MULLER E, ZENKER A. Business service as actors of knowledge transformation: the role of kibs in regional and national innovation systems [J] . Research policy, 2001 (30): 1501–1516.

[62] NONAKA I, TAKEUCHI H. The knowledge-creating company: how Japanese companies create the dynamics of innovation [M] .Oxford: Oxford University Press, 1995.

[63] NORMANN R, RAMÍREZ R. From value chain to value

constellation: designing interactive strategy [J]. Harvard business review, 1993, 71 (4): 65-77.

[64] NUNNALLY J C, BERNSTEIN I H. Psychometric theory [M]. 3rd ed. New York: McGraw-Hill, 1994.

[65] OLIVEIRA M, MAÇADA A C G, CURADO C. Adopting knowledge management mechanisms: evidence from Portuguese organizations [J]. Knowledge and process management, 2014, 21 (4): 231-245.

[66] ÖZDEMIR S. E-learning's effect on knowledge: can you download tacit knowledge? [J]. British journal of educational technology, 2008 (39): 552-554.

[67] PARK C, VERTINSKY I, LEE C. Korean international joint ventures: how the exchange climate affects tacit knowledge transfer from foreign parents [J]. International marketing review, 2012, 29 (2): 151-174.

[68] PAYNE A F, STORBACKA K, FROW P. Managing the co-creation of value [J]. Journal of the academy of marketing science, 2008, 36 (1): 13-17.

[69] PRAHALAD C K, RAMASWAMY V. Co-creation experiences: the next practice in value creation [J]. Journal of interactive marketing, 2004, 18 (3): 34-43.

[70] QI E S, ZHANG H L. The frame of factory's lean design and its realization method [J]. Science of science and management of S.& T., 2009 (9): 167-171.

[71] QIN X Z. An investigation of the connotation, typical characteristics and conceptual model of the big data knowledge service [J]. Information and documentation services, 2013, 34 (2): 18-22.

[72] RAJALA R, WESTERLUND M, RAJALA A, et al. Knowledge-intensive service activities in software business [J]. International journal of technology management, 2008, 41 (3/4): 273.

[73] REBERNIK M, ŠIREC K. Fostering innovation by unlearning tacit knowledge [J]. Kybernetes, 2007, 36 (3/4): 406-419.

[74] ROWE P A, CHRISTIE M J. Civic entrepreneurship in Australia:

opening the "black box" of tacit knowledge in local government top management teams [J] . International journal of public sector management, 2008, 21 (5): 509–524.

[75] SIGALA M, CHALKITI K. Improving performance through tacit knowledge externalisation and utilisation: preliminary findings from Greek hotels [J] . International journal of productivity and performance management, 2007, 56 (5/6): 456–483.

[76] SMALL C T, SAGE A P. Knowledge management and knowledge sharing: a review [J] . Information, knowledge, systems management, 2006, 5 (3): 153–169.

[77] STAINES Z. Managing tacit investigative knowledge: measuring "investigative thinking styles" [J] . Policing: an international journal of police strategies & management, 2013, 36 (3): 604–619.

[78] STONE K B. Four decades of lean: a systematic literature review [J] . International journal of lean six sigma, 2012, 3 (2): 112–132.

[79] STOVER M. Making tacit knowledge explicit: the ready reference database as codified knowledge [J] . Reference services review, 2004, 32 (2): 164–173.

[80] STRAUSS A, CORBIN J. Techniques and procedures for developing grounded theory [J] . Handbook of cell & organ culture burgess publishing Co., 2008, 63 (2): 201–243.

[81] TAYLOR T, PSOTKA J, LEGREE P. Relationships among applications of tacit knowledge and transformational/transactional leader styles: an exploratory comparison of the MLQ and TKML [J] . Leadership & organization development journal, 2015, 36 (2): 120–136.

[82] TEECE D J. Strategies for managing knowledge assets: the role of firm structure and industrial context [J]. Long range planning, 2000, 33(1): 35–54.

[83] TEERAJETGUL W, CHAREONNGAM C. Tacit knowledge utilization in Thai construction projects [J] . Journal of knowledge management, 2008, 12

(1): 164-174.

[84] TSENG F M, CHIANG L L. Why does customer co-creation improve new travel product performance? [J]. Journal of business research, 2016, 69 (6): 58-67.

[85] VARGO S L, LUSCH R F. Service-dominant logic: continuing the evolution [J]. Journal of the academy of marketing science, 2008, 36 (1): 1-10.

[86] VENKITACHALAM K, BUSCH P. Tacit knowledge: review and possible research directions [J]. Journal of knowledge management, 2012, 16 (2): 357-372.

[87] WANG C P, YUAN B J C. Application of the knowledge management in the knowledge-intensive service business: the case studies at ITIS and ITRI in Taiwan [J]. International journal of technology management, 2007, 39 (1): 198-218.

[88] WANG D P, YANG C, NING J. Research on knowledge transfer evolution of knowledge service network [J]. Science of science and management of S. & T., 2013 (8): 34-42.

[89] WASONGA T A, MURPHY J F. Learning from tacit knowledge: the impact of the internship [J]. International journal of educational management, 2006, 20 (2): 153-163.

[90] WASSINK H, SLEEGERS P, IMANTS J. Cause maps and school leaders' tacit knowledge [J]. Journal of educational administration, 2003, 41 (5): 524-546.

[91] WHYTE G, CLASSEN S. Using storytelling to elicit tacit knowledge from SMEs [J]. Journal of knowledge management, 2012, 16 (6): 950-962.

[92] WIKSTRÖM S.Value creation by company-consumer interaction [J]. Journal of marketing management, 1996, 12 (5): 359-374.

[93] WOMACK J P, JONES D T. Lean thinking: banish waste and create wealth in your corporation [J]. Journal of the operational research society, 1997, 48 (11): 1148.

［94］WOMACK J，JONES D. Lean thinking［M］. London：Touchstone，1996.

［95］ZOOK M A. The knowledge brokers：venture capitalists，tacit knowledge and regional development［J］. International journal of urban and regional research，2004（28）：621-641.

［96］白凯，倪如臣，白丹.旅游管理专业的学科认同：量表开发与维度测量［J］.旅游学刊，2012，27（5）：41-48.

［97］陈建华.企业核心竞争力的培育与管理［J］.技术经济与管理研究，2002（1）：88-89.

［98］陈荣平.服务柔性能力与模型：基于顾客价值的服务柔性竞争优势理论［M］.天津：南开大学出版社，2006.

［99］陈宜才.企业文化是企业竞争力的体现［J］.企业文化，2002（特刊）：128-129.

［100］程刚，吴娣妹.科技型中小企业知识创新的知识服务模式研究［J］.情报理论与实践，2018，41（4）：38-43.

［101］戴光强.医学从技术服务扩大到知识服务：医学发展的新纪元［J］.中国健康教育，1994（1）：4-6.

［102］党跃武.将知识服务进行到底：基于知识交流的知识服务［J］.图书情报工作，2006（4）：19-22.

［103］冯沪祥.中国传统哲学与现代管理［M］.济南：山东大学出版社，1998.

［104］古志文，陈春，吴新年.支撑企业技术创新的知识服务模式研究：知识服务与信息服务融合发展的视角［J］.科技进步与对策，2014，31（7）：131-135.

［105］韩景旺，康绍大，赵冉琳，等.京津冀协同发展进程中科技型中小企业的区域风险补偿基金模式研究［J］.经济研究参考，2017（33）：32-36.

［106］埃茨科威兹.三螺旋［M］.周春彦，译.上海：东方出版社，2005.

［107］胡伟，刘宇.基于服务供应链的制造业产业集群知识服务研究

［J］.科技进步与对策，2013，30（7）：67-71.

［108］贾春峰.21世纪中国企业文化发展走势［J］.经济研究参考，2001（5）：28-29.

［109］柯平.后知识服务时代：理念、视域与转型［J］.图书情报工作，2019，63（1）：36-40.

［110］李海，张勉.组织凝聚力量表的构建与有效性检验［J］.南开管理评论，2010，13（3）：136-149.

［111］李亮，刘洋，冯永春.管理案例研究：方法与应用［M］.北京：北京大学出版社，2020.

［112］李雪芹，周怀营，蔡翔.基于"三螺旋"理论的"创业型"大学建设［J］.技术经济与管理研究，2010（4）：46-49.

［113］拉明.精益供应［M］.北京：商务印书馆，2003.

［114］林国建，邹名远.重塑中国企业文化的战略思考［J］.学术交流，2002（2）：65-67.

［115］林海."双创"背景下科技型中小企业创新项目风险评估模型构建［J］.科技管理研究，2019，39（21）：83-90.

［116］刘澄，张羽，鲍新中.专利质押贷款风险动态监控预警研究［J］.科技进步与对策，2018，35（15）：132-137.

［117］刘华林，程如烟.开展知识密集型服务 大力推动创新［J］.中国软科学，2007（3）：157-160.

［118］刘宇，胡伟.基于价值链的制造业产业集群知识服务供应链运营模式研究［J］.科技管理研究，2013，33（21）：133-137.

［119］刘玉照，陈萍丽，王莉莉.信息系统开发中的需求分析［J］.情报杂志，2003（5）：71-72，75.

［120］马锡崇.如何提高企业管理的创新能力［J］.经济师，2003（8）：116.

［121］孟宪福.网上Bookmark服务系统及其基于Web挖掘的推荐引擎［J］.小型微型计算机系统.2001，22（12）：1485-1488.

［122］潘东华，尹大为.三螺旋接口组织与创新中的知识转移［J］.科学学研究，2008（5）：1073-1079.

［123］彭红彬，王军.虚拟社区中知识交流的特点分析：基于 CSDN 技术论坛的实证研究［J］.现代图书情报技术，2009（4）：44-49.

［124］齐二石，张洪亮.工厂精益设计的框架及实施方法［J］.科学学与科学技术管理，2009（9）：167-171.

［125］任俊为.知识经济与图书馆的知识服务［J］.图书情报知识，1999（1）：28-30.

［126］任志宽，韩莉娜.知识管理、机制创新与研发型企业成长［J］.科技管理研究，2020，40（2）：33-39.

［127］石贵成，王永贵，邢金刚，等.对服务影响中关系强度的研究：概念界定、量表开发与效度检验［J］.南开管理评论，2005，8（3）：74-82.

［128］宋华，陈思洁.供应链整合、创新能力与科技型中小企业融资绩效的关系研究［J］.管理学报，2019，16（3）：379-388.

［129］宋雪雁，管丹丹，张祥青，等.基于服务接触的电子政务门户网站知识服务质量影响因素研究［J］.图书情报工作，2018，62（23）：22-31.

［130］王道平，杨岑，宁静.知识服务网络知识转移行为演化研究［J］.科学学与科学技术管理，2013（8）：34-42.

［131］王敬华，杨进才，刘云生.基于移动实时事务相关图的数据收集［J］.计算机应用研究，2005（3）：97-100.

［132］王萍，魏江，邓爽.知识密集型服务企业与合作者合作创新现状［J］.科研管理，2010，31（3）：27-34.

［133］王炎，程刚."互联网+"视角下科技型知识服务企业的服务创新研究：以百度新上线知识服务产品为例［J］.情报杂志，2015，34（10）：183-188.

［134］王曰芬，张蓓蓓，吴婷婷.图书情报机构知识服务三维构架的探索性研究［J］.图书情报工作，2010，54（4）：17-20，85.

［135］魏江，王甜.中欧知识密集型服务业发展比较及对中国的启示［J］.管理学报，2005（3）：312-316.

［136］吴明隆.结构方程模型［M］.重庆：重庆大学出版社，2010.

［137］杨家鑫，张璐，申静.基于客户需求的中国高校智库知识服务

发展路径探究［J］.技术经济，2019，38（9）：50-57，112.

［138］姚伟，郭鹏，佟泽华，等.国外知识交流研究进展［J］.图书情报工作，2011，55（2）：112-116.

［139］姚伟，吴淑娴，柯平，等.基于 TSC 理论的网络社区中知识动员模式研究［J］.情报理论与实践，2020，43（4）：47-54.

［140］尤建新，卢超，郑海鳌，等.创新型城市建设模式分析：以上海和深圳为例［J］.中国软科学，2011（7）：82-92.

［141］余谦，吴旭，刘雅琴.生命周期视角下科技型中小企业的研发投入、合作与创新产出［J］.软科学，2018，32（6）：83-86.

［142］张翠娟，徐虹.参展商和专业观众参与展览会价值共创机理研究：基于结构方程模型的量化分析［J］.旅游学刊，2019，34（3）：57-70.

［143］张璐，申静.知识服务模式研究的现状、热点与前沿［J］.图书情报工作，2018，62（10）：116-125.

［144］张庆华，彭晓英，杨姝.开放式创新环境下的企业知识服务体系研究［J］.科技管理研究，2014，34（19）：133-136.

［145］张晓林.走向知识服务：寻找新世纪图书情报工作的生长点［J］.中国图书馆学报，2000（5）：30-35.

［146］张燚，李冰鑫，刘进平.网络环境下顾客参与品牌价值共创模式与机制研究：以小米手机为例［J］.北京工商大学学报（社会科学版），2017，32（1）：61-72.

［147］张玉才，宋新平.科技型中小企业信息服务体系的研究［J］.科技管理研究，2008（11）：241-244.

［148］郑烨，吴建南，张攀.简政放权、企业活力与企业创新绩效［J］.科学学研究，2017，35（11）：1737-1749.

［149］周春彦，李海波，李星洲，等.国内外三螺旋研究的理论前沿与实践探索［J］.科学与管理，2011（4）：21-27.

［150］周春彦.大学‑产业‑政府三螺旋创新模式：亨利·埃茨科维兹《三螺旋》评介［J］.自然辩证法研究，2006（4）：75-77.

［151］周国林，李耀尧，周建波.中小企业、科技管理与创新经济发展：基于中国国家高新区科技型中小企业成长的经验分析［J］.管理世界，

2018，34（11）：188-189.

　　［152］周文辉，林华，陈晓红.价值共创视角下的创新瓶颈突破案例研究［J］.管理学报，2016，13（6）：863-870.

　　［153］周文辉.知识服务、价值共创与创新绩效：基于扎根理论的多案例研究［J］.科学学研究，2015，33（4）：567-573，626.

　　［154］朱凌，陈劲，王飞绒.创新型城市发展状况评测体系研究［J］.科学学研究，2008（1）：215-222.